L'INSPIRATION DU PHILOSOPHE

« La Pensée et le Sacré »

CATHERINE CHALIER

L'inspiration du philosophe

« L'amour de la sagesse »
et sa source prophétique

Albin Michel

Albin Michel
■ *Spiritualités* ■

*Collection dirigée par Michel Cazenave
et Jean Mouttapa*

© Éditions Albin Michel, S.A., 1996
22 rue Huyghens, 75014 Paris
ISBN : 2-226-08732-X

A la mémoire d'Emmanuel Levinas.

« Les sages resplendiront comme l'éclat du firmament » (*Dan.* 12.3).

Introduction

> « (...) le déchirement profond d'un monde attaché à la fois aux philosophes et aux prophètes [1]. »
>
> E. Levinas

Les traits contradictoires d'un monde attaché à Athènes et à Jérusalem marquent durablement la pensée en Europe. La cause de la philosophie s'est prévalue du respect de la raison, de la liberté et du progrès dans l'ordre de la connaissance ; celle des prophètes, d'un bien qui les transcende et en oriente l'exercice. Tenter de résoudre cet antagonisme par la victoire du philosophe sur le prophète, ou l'inverse, s'avère cependant une entreprise vaine et violente. Consentir à ce déchirement comme au destin de la pensée ne constitue pas pour autant une compromission douteuse, de la part des philosophes, avec l'irrationnel et l'insensé, mais implique un bouleversement de l'idée que les hommes – et surtout les institutions – se font de l'essence supposée de la philosophie et de la prophétie. Dans cette perspective, qui oriente la réflexion proposée dans ce livre, la rencontre avec la pensée d'Emmanuel Levinas se révèle décisive. Son attention à la source hébraïque de la pensée fait en effet corps avec sa philosophie, c'est-à-dire avec son désir d'ébranler les assises d'un savoir rationnel, anxieux de se prononcer sur l'essence des choses, afin de réveiller l'esprit assoupi en lui. Sa philosophie, tout entière sous le signe de ce réveil, fraie ainsi la voie à une pensée exigeante qui rompt avec la primauté de l'ontologie afin de raviver la mémoire et l'inquiétude d'une altérité incommensurable aux concepts, d'une altérité dont les prophètes ne cessent de parler dans un langage où le verbe poétique prévaut sur la rigueur conceptuelle. Cette altérité n'offusque pas la vie de l'esprit et le travail de la raison, mais elle les oblige à emprunter de nouvelles voies. Elle déloge le philosophe de ses positions de maîtrise, lui signifie que la rationalité ne détient pas l'ultime clé de l'intelligibilité de ce qui est, et oriente son attention vers la faiblesse, la vulnérabilité et la précarité, qui signifient, avant les concepts, par la parole des prophètes, un appel à la responsabilité.

La confiance de la philosophie envers l'aptitude de la raison à atteindre la vérité est souvent excessive. Bien des philosophes le savent, évidemment. Kant voit là un orgueil et une naïveté qui, si la critique n'intervient pas afin de limiter les prétentions de la raison, conduisent à des résultats désastreux. En cherchant à connaître au-delà du domaine d'expérience possible, la raison se heurte en effet à des thèses antinomiques qui la paralysent, car aucun argument ne permet de trancher entre elles : le scepticisme naît donc dans l'esprit des hommes. Car la présomption et le dogmatisme de certains, alors qu'ils défendent des idées contradictoires par une argumentation supposée raisonnée, induisent parfois au scepticisme vis-à-vis de la raison, voire à l'attirance pour l'irrationnel. Or le refus de la raison s'avère pire que le mal : la démesure des spéculations disparaît sans doute avec lui, mais elle cède la place à un enthousiasme néfaste. L'homme s'imagine ainsi pouvoir accéder immédiatement à la vérité par l'intuition, par la vision ou la révélation, alors qu'il s'adonne en fait à de pures illusions. Kant réprouve l'excès d'une raison incapable d'admettre les limites de son pouvoir de connaître, puisqu'elle aussi produit des chimères, mais il dénonce avec une vigueur accrue les prestiges de l'irrationnel et les inférences obscures que l'imagination suscite sous couvert de concepts, alors qu'elle se laisse porter par de simples mots. Un philosophe, affirme-t-il, ne reconnaît aucune autorité en dehors de la raison, même pour des sujets métaphysiques : « Le concept de Dieu, la conviction de son existence elle-même ne peuvent se trouver que dans la seule raison, n'avoir leur source qu'en elle seule, et ne peuvent nous venir ni d'une inspiration ni d'un enseignement extérieur, pour grande qu'en soit l'autorité [2]. » L'idée d'inspiration ne peut d'ailleurs trouver place chez un philosophe soucieux de se démarquer « des rêveurs de la raison » et avouant son ignorance du « sens du mot esprit [3] ». Ce philosophe restera, raisonnablement, un penseur des limites, même s'il lui arrive d'admirer la poésie pour l'élévation d'âme qu'elle produit [4]. Fidèle à l'enseignement d'Aristote [5], il veillera à la frontière qui sépare le concept du verbe poétique, le travail du philosophe de celui du poète, l'inspiration nécessaire au second ne convenant pas au premier.

Le philosophe ne se plie donc devant aucune autorité, sa liberté dans l'exercice de la raison implique une mise à distance de toute idée reçue, qu'elle se prévale d'une inspiration ou d'une tradition. L'histoire conflictuelle des rapports entre philosophie et lecture des textes prophétiques, la certitude que, en dehors du passage au langage du concept le sens éventuel de ces textes n'intéresse pas la raison se situent là. L'idée spinoziste selon laquelle celui qui s'efforce d'acquérir une connaissance claire et distincte des choses peut se dispenser d'écouter la parole prophétique, nécessaire à la moralité des ignorants mais inutile à celui que guide la raison, s'est d'ailleurs imposée à une modernité pourtant marquée par l'échec des Lumières à faire accéder, par leur seule force, à une vie libre et pacifiée. L'herméneutique des textes religieux de l'humanité n'a d'ailleurs pas sa place, comme telle, dans une philosophie qui entend se passer de tout présupposé – tel le préalable d'un Livre – et qui refuse d'écouter, au cœur de son discours, les interrogations de l'altérité, par exemple celles du verbe inspiré des prophètes. Cette philosophie a décidé d'emblée que la raison – et la raison seule –, malgré la divergence d'appréciation des limites de son pouvoir de connaître, constituait la source du sensé. Or la maîtrise des concepts et de la rigueur argumentée du propos, ce langage de la raison conquis de haute lutte contre l'emprise des élans spontanés, ne peut, sans se contredire, céder la moindre place à l'immaîtrisable des mots inspirés.

Dès lors, pour la plupart des penseurs, le verbe inspiré des poètes ou des prophètes demeure étranger à la philosophie, du moins tant qu'il refuse de s'assagir et d'entrer dans un propos rationnel apte à mettre un terme à sa démesure et à tenir à distance l'imaginaire néfaste qu'il charrie. Même si certains philosophes admettent que la pluralité des types de discours – mythe, poésie, prophétie – est source d'enseignement, ils maintiennent fermement les frontières, garantes, selon eux, de leur indépendance. Le maître mot demeurant celui de l'autonomie de la raison. Partant du principe que la raison seule ouvre au secret de l'intelligibilité de ce qui est, secret partageable par tous, les philosophes qui lisent des textes prophétiques n'en retiennent donc que le contenu apte à une élaboration rationnelle universelle et rejettent dans l'infra-philosophique les autres significations dont ils condamnent le particularisme.

La perspective de ce livre diffère. Il se demande en effet si la rationalité ontologique, constitutive de la philosophie, est la seule envisageable ou s'il est possible de légitimer le point de vue d'une rationalité inspirée, ou d'une rationalité

INTRODUCTION

de la transcendance, sans renoncer pour autant au souci d'universalité. Il entend donc discuter du bien-fondé de la sommation de choisir entre philosophie et prophétie et montrer qu'une tension vivante et continue entre les deux constitue une meilleure part qu'un discours d'exclusion. Les anathèmes et les accusations, n'enrichissant en effet jamais la pensée, entretiennent la méconnaissance réciproque et la ténacité des préjugés, même chez les philosophes censés les dépasser. Chacun sait en outre que la défense violente de la pureté de *l'essence* d'une discipline, soi-disant menacée par l'intrusion de l'altérité de textes inhabituels ou étrangers, masque souvent aussi, tout simplement, celle d'une position de pouvoir.

Ce livre se demande si, en dehors d'une stricte répartition des corpus de textes censés appartenir en propre à telle ou telle discipline, corpus reliés à des sources différentes – Athènes et Jérusalem, pour ce qui concerne la philosophie et la prophétie –, ne commence véritablement qu'une confusion regrettable et stérile ou l'amorce d'une pensée renouvelée par son consentement à rencontrer son autre, fût-ce avec déchirement, c'est-à-dire au prix d'une remise en question de son essence. L'idée que la raison philosophique puisse, sans virer à l'irrationnel, trouver une inspiration dans des textes prophétiques constitue en effet une orientation majeure de la recherche ici proposée. Elle se démarque ainsi de tout souci de légitimer la philosophie par mimétisme avec la science, comme si la seule rationalité et la seule universalité concevables étaient celle du savoir et non celle de la transcendance. Elle tente aussi de renouer avec le sens de la vocation originelle du philosophe – l'amour de la sagesse – et de s'interroger sur la possibilité, pour chacun, de penser et de vivre cette vocation, sans perdre nom et visage au profit de l'universalité abstraite des idées ou des principes. Or, pour cela, comme ce livre s'efforce de le montrer, le pôle hébraïque de la pensée, par l'inquiétude qu'il suscite dans la belle assurance des concepts, constitue une orientation majeure.

Les textes prophétiques dont il sera question exposent au risque d'une pensée tributaire d'images poétiques, ils ignorent la stabilité des concepts et préfèrent les métaphores, les symboles et les paradoxes. L'inspiration qui les anime semble rebelle à tout propos mesuré, et elle conduit au refus de tout compromis avec le relativisme. Cependant – en dépit de la proximité de leur langage comme de leur sentiment que la parole a une responsabilité et les mots un pouvoir révélant –, prophétie et poésie ne sont pas synonymes. La Bible les distingue en tout cas par le critère de la conversion au bien que la parole du prophète doit provoquer chez ceux qui l'écoutent : « Et toi, tu es pour eux comme un chant plaisant, comme quelqu'un doué d'une belle voix et qui chante avec art. Ils écoutent tes paroles, mais quant à les suivre non pas. Aussi quand tout cela arrivera, et voici que cela arrive, ils sauront qu'il y avait un prophète parmi eux (*Ez.* 33.32-33). » Les mots du prophète ne sont pas seulement ceux d'un poète, ils transmettent l'exigence du bien dû à la fragilité des créatures. Le langage excessif de la prophétie, langage tourmenté et sans souveraineté, entame les certitudes intellectuelles qui font passer outre les détresses. Et dans un monde héritier et contemporain de tant d'heures barbares, prêt à céder au nihilisme, ce langage reste indispensable. L'effroi devant l'histoire de ce monde ne condamne pas la philosophie, mais il rappelle que le Logos ignore les souffrances singulières. Or les prophètes, précisément, n'en prennent jamais leur parti, ils n'autorisent pas cet oubli. Tel est sans doute, au-delà des concepts, le langage de la transcendance.

Les pages qui suivent ne plaident pas la cause d'une réconciliation entre les philosophes et les prophètes. Elles constatent que leur déchirement marque décisivement l'histoire occidentale. Ce déchirement n'a d'ailleurs rien d'académique puisque, en ce siècle aussi, il a pris et continue de prendre les couleurs de l'ignominie que l'homme fait subir à l'homme au nom de causes barbares. Mais le tragique et la dérision doivent-ils pour autant constituer les mots ultimes de la philosophie ? Peut-elle se contenter de poursuivre, imperturbable, une quête spéculative – fût-ce pour la déconstruire ensuite – ou peut-elle, sans se renier, faire mémoire à l'homme d'une source du sensé qui, malgré les désastres, parle de la promesse de l'avènement de l'humain dans l'être ?

Ce questionnement habite les différents chapitres de ce livre. Le premier se propose de réfléchir au destin actuel de la philosophie au regard de sa vocation originelle. Il s'interroge sur le sens de l'opposition entre savoir et sagesse, langage conceptuel et langage inspiré, et sur la pertinence des prédicats – grec et hébraïque – apposés au vocable « sagesse », en se demandant de quelle singularité l'un et l'autre sont porteurs. Ce chapitre se termine par une réflexion sur l'antériorité du Logos grec et sur celle du Davar hébraïque vis-à-vis des concepts et des mots des hommes. Il s'efforce de montrer ce qui unit et ce qui sépare ces deux modalités d'antériorité.

Le second chapitre se propose de justifier l'idée d'inspiration de la raison en montrant, sur la base d'une analyse de la prophétie, qu'elle implique une remise en question de la primauté traditionnelle accordée, par la philosophie, à la question ontologique. Il explique comment le souci de s'ouvrir à la multiplicité des significations d'un texte, en évitant le dogmatisme et le relativisme, peut s'inscrire dans l'écriture du philosophe.

Le chapitre suivant aborde la question de la révélation présentée dans la textualité hébraïque. Il insiste sur l'antagonisme entre révélation et tentation d'idolâtrie, en particulier idéologique. Il s'efforce aussi de comprendre pourquoi la Torah en parle en termes de « don » et s'interroge sur les conditions de la réception de celui-ci à travers l'histoire. Parmi ces conditions, il prête tout particulièrement attention à l'exercice d'une raison ouverte à l'altérité.

Il s'agit ensuite de se demander si l'herméneutique des textes prophétiques peut légitimement trouver place dans le champ de la philosophie. Quel statut en effet, dans ce cas-là, donner à ces textes ? Que peut signifier une philosophie orientée par leur témoignage ? Quels risques court-elle ? Quelle qualité de transmission chez le maître et de mémoire chez le disciple suppose-t-elle ?

En se fondant sur ce parcours, le livre revient alors à la question de la méfiance si constante, et parfois si radicale, des philosophes envers les mots ignorants du concept et souvent trop proches, selon eux, de l'âme et de la chair d'une personne singulière. L'universalité abstraite serait-elle la seule langue digne du philosophe ? Question qui conduit, pour conclure, à réfléchir à l'identité de ce sujet philosophique. La prise en compte de son ébranlement récent, par les sciences humaines surtout, invite à se demander s'il peut consentir à aller encore plus loin dans le bouleversement en consentant, par exemple, à penser au rythme d'une altérité irréductible. Interrogation inévitable pour celui qui ne voit pas, dans le déchirement caractéristique d'un monde héritier des philosophes et des prophètes, une défaite humiliante, mais une chance pour la pensée.

I.
Proximité du verbe

Par principe, les philosophes se méfient de l'irrationnel, du pathétique et de l'enthousiasme du verbe, il leur semble que la belle rigueur de l'abstraction spéculative perd de sa force lorsqu'elle cède face à l'intrusion d'une telle altérité. Mais, comme celle-ci ne cesse pourtant de les menacer, de les défier ou encore d'attester de leur échec, ils s'efforcent de parer ce risque et cette défaite toujours possible par la patience, sans cesse reprise, de l'élaboration conceptuelle d'une compréhension raisonnée des choses, compréhension destinée à démontrer, par son succès, l'impertinence de cette altérité, sans même qu'il y ait à la combattre de front. Le langage philosophique répond par excellence à cette exigence quand il épouse la forme purement abstraite d'une construction spéculative intolérante à la force des mots qui ne relèvent pas de l'ordre conceptuel, des mots qui entraînent inévitablement sur la pente, dangereuse car confuse, des séductions de l'approximatif et de l'irrationnel. L'idéal de l'élaboration d'un système apte à rendre compte de la totalité du réel, l'idéal du savoir absolu donc, constitue la figure extrême de ce désir, il va de pair avec la nécessité de reléguer dans les décombres de l'infra-philosophique tout verbe non encore délesté d'une inspiration étrangère à l'appréhension raisonnée de ce qui est. Dans cette perspective, le philosophe devrait se garder de la voix illusoire des poètes et des prophètes et n'écouter que celle de la raison en lui. En effet, seule la raison, comme le dit Spinoza, permet de connaître par idées adéquates : elle conduit sur le chemin des connexions nécessaires entre les choses, elle autorise un savoir véritable de leur essence et, au terme du parcours, elle culmine même dans l'intuition intellectuelle. Or celui qui décide de suivre la voix de la raison commence par chasser loin de lui les égarements de l'imagination et du cœur où tant d'hommes se perdent en entraînant dans leur déchéance tous ceux que la crédulité abîme. La raison ne supporte pas en effet la présence de cette démesure séduisante et trompeuse qui fait croire aux hommes qu'ils ont accès à des mystères sublimes alors qu'ils sombrent dans le gouffre de la déraison. On sait d'ailleurs que, bien avant les grands rationalistes du XVIIe siècle, Platon surveillait de près les poètes et les chassait de la Cité pour confier l'exclusive, bonne et juste conduite de celle-ci à la raison des philosophes [1]. Mais, s'il éprouvait cette nécessité d'exclure l'inspiration poétique pour son côté nuisible – selon lui, elle faisait croire à des fictions et incitait à des comportements immoraux sous prétexte qu'ils étaient divins –, c'était aussi parce que l'écoute de la parole des poètes, singulièrement celle d'Homère, constituait une orientation majeure de l'éducation grecque de son temps. Le philosophe devait donc dénoncer la fausseté de cette parole au regard de la quête philosophique de la vérité et convier ses disciples à purifier leurs paroles et à cesser de se laisser exalter par l'incantation des propos imagés et brillants des poètes. L'entrée en philosophie commençait donc par une ascèse des mots, elle se poursuivait par la résolution d'abandonner aux non-philosophes les verbes trop marqués par le poids de la chair sensible et éphémère des hommes.

Il semble pourtant, comme le soutient Hölderlin, que l'intellect pur et la raison pure ne parviennent pas à produire quelque chose d'intelligent et de raisonnable, si l'on entend par là quelque chose qui éclaire l'âme et la chair de l'homme, à chaque instant de sa vie menacée. « Sans la beauté de l'esprit et du cœur, la raison est comme un contremaître que le propriétaire de la maison a imposé aux domestiques : il ne sait pas mieux qu'eux ce qui doit résulter de leur interminable travail, et se contente de crier qu'on se dépêche. (...) L'intellect pur ne produit nulle philosophie, car la philosophie ne se réduit pas à la reconnaissance bornée de ce qui est [2]. » Seule l'apparition de la beauté, affirme le poète, sauve l'intellect et la raison de l'aveuglement propre à tout travail de nécessité, ils savent alors pourquoi et en vue de quoi ils agissent. Selon Hölderlin, le philosophe trouve sa plus haute inspiration dans l'altérité d'une parole sans concept, d'une parole qui transmet l'intuition de la beauté. Comme Kant déjà, dont il fut un grand lecteur, il estime que le travail de l'intellect n'épuise pas la vie de l'esprit, car l'homme aspire à connaître l'absolu dont aucun concept produit par l'entendement ne maîtrise l'altérité. D'ailleurs, malgré sa méfiance envers les poètes, Platon « remarquait fort bien que notre faculté de connaissance éprouve un besoin beaucoup plus élevé que celui d'épeler simplement des phénomènes, suivant les lois de l'unité synthétique, pour pouvoir les lire comme expérience, et que notre raison s'élève naturellement à des connaissances trop hautes pour qu'un objet que l'expérience est capable de donner puisse jamais y correspondre, mais qui n'en ont pas moins leur réalité et ne sont nullement de simples chimères [3] ». Cependant, suffit-il de distinguer, comme le fait Kant, l'entendement et la raison, les concepts et les Idées, pour ouvrir la philosophie sur une autre tâche que celle de la compréhension de ce qui apparaît ? Malgré leur prétention à penser l'inconditionné, les idées de la raison pure peuvent-elles en effet constituer une source d'orientation pour la vie de celui que ne contente pas la maîtrise conceptuelle des choses ? Ou bien faut-il admettre, avec Hölderlin, que la raison aussi a besoin de se tenir attentive à un souffle qui la dépasse et qui l'inspire, ce qui ne signifie pas qu'il la détruise, l'humilie ou l'avilisse, mais qu'il ne cesse de lui dire que l'insaisissable sens de ce qui est abrite sans doute une promesse plus audacieuse et plus précieuse que la beauté des concepts.

Le dilemme de celui qui entend faire œuvre de philosophe ne tient pas en effet dans l'opposition du rationnel à l'irrationnel ni dans celle du langage conceptuel et abstrait de la théorie au verbe imagé et métaphorique du poème ou de la prophétie. Il se joue surtout dans l'affrontement entre une raison résolument fermée à l'altérité, rebelle à l'excès des verbes inspirés, et une raison qui, sans avoir de goût particulier pour les prestiges séducteurs de l'irrationnel, consent à se tenir attentive à ces verbes. Parce que l'excellence même du travail de la pensée implique de dépasser l'affirmation hautaine de l'autonomie de la raison, comme celle d'une conception instrumentale du langage, l'homme peut en venir alors à se tourner vers certains livres de l'humanité qui, ignorants du concept, n'en constituent pas moins une source d'inspiration pour le philosophe.

Cependant, cela n'équivaut pas seulement à dire que celui-ci trouve dans ces livres des images, des thèmes ou des histoires qui doivent être repris ou « relevés » conceptuellement. En effet, malgré son intérêt et sa nécessité aussi, ce geste place son auteur en position de maîtrise face à ce qu'il lit et aborde dans un souci de rationalité où, souvent, ce qui résiste à l'emprise du concept se voit négligé, oublié et même méprisé. L'effort de conceptualisation, du monde ou des textes, admet mal de faire face à l'altérité concrète des réalités singulières et sensibles, de la même façon qu'il recule devant les métaphores, les récits et les mots rétifs à toute capture logique. Le concept en effet se sépare « de tout ce qui a visage, de tout ce qui a chair, pulsation, immanence et qui est ainsi, pour sa secrète avarice, le danger le plus insidieux [4] ». Lorsque la parole poétique ou prophétique habite un livre, le concept n'entend de cette parole que ce qu'il peut superviser et s'approprier, le reste, ce qui ne se mue pas en connaissance, disparaît. Or, sans renoncer à la raison, n'est-il pas possible d'écouter cette parole autrement ? Ne peut-elle constituer une source de penser pour une philosophie qui accepte, au vif de son propos, d'être marquée par son autre ? Par la lettre et le verbe hébraïques, par exemple ?

Domination du concept

La modernité ignore largement l'idée de la philosophie comme exercice de vie, ou, plus exactement, elle n'en comprend plus le sens et s'empresse d'écarter les pensées susceptibles de lui en faire mémoire. Le caractère strictement théorique – et tendu vers l'idéal du système – de la philosophie a en effet conduit à oublier que, dans l'Antiquité grecque par exemple, la philosophie ne constituait pas, pour ses tenants, une quête spéculative et limitée à l'érudition, mais bien un art de vivre et un « exercice spirituel [5] ». Le progrès de l'élève, assure par exemple Epictète, ne tient ni dans le nombre de pages de Chrysippe, qu'il a lues et comprises, ni dans les prouesses de ses commentaires, mais bien dans la manière dont, peu à peu, il réussit à vouloir et à désirer autrement, comme à agencer ses projets et ses dispositions conformément aux paroles qu'il étudie et professe [6]. L'érudition et la spéculation en soi laissent en effet l'homme inchangé, il arrive même qu'elles soient mises au service de passions violentes incompatibles avec un véritable travail sur soi. Pour Epictète, celui qui s'en tient là sait sans doute beaucoup de choses mais, comme son savoir reste étranger à sa vie, il ne mérite pas le nom de philosophe. Pour s'en prévaloir, il faut d'abord *faire* ce que les meilleures maximes prescrivent, sans s'inquiéter de l'approbation d'un public et des honneurs dont les hommes se gratifient les uns les autres pour un temps éphémère. La philosophie ne peut, sans se pervertir, être confondue avec une quête intellectuelle qui s'accommode d'une existence indifférente ou contraire aux idées qu'elle propose, avec autorité souvent mais sans soupçonner que l'homme puisse les intérioriser au point d'être réellement inquiété par elles et d'en faire la source vive de son existence.

Depuis cette mise en garde, le modèle scientifique et technique de connaissance a durablement impressionné les philosophes et il a exercé décisivement son emprise sur eux. La soumission, avouée ou inavouée, à ce modèle ne permet guère, singulièrement au niveau institutionnel, d'envisager une autre manière de philosopher. L'homme conceptuel ne cherche pas la sagesse, il se voue à la maîtrise instrumentale du monde et il abandonne la réalité, imprévisible et secrète, de la vie, en lui et autour de lui, à l'irrationnel. Dans cette mouvance, bien des philosophes modernes, soucieux de rigueur et de rationalité davantage que de vérité, perdent le sens de l'œuvre d'une pensée qui ne prête pas allégeance à ce modèle. Elle est frappée par eux de vanité : « Tout ce qui ne se conforme pas aux critères du calcul et de l'utilité est suspect à la Raison [7]. » En conséquence, ceux qui partagent cette attitude se taisent quand, interrogés sur une question de sens ou de valeur, leur savoir conceptuel est pris en défaut ; mais, évidemment, plutôt que d'admettre leur peine à penser, ils jettent l'anathème sur la question.

Pour beaucoup de philosophes, admiratifs de la science et de la technique mais oublieux de la sagesse, les concepts servent à la construction d'un modèle d'intelligibilité du réel dont l'efficacité présente vaut vérité. Or, comme l'abstraction indispensable à leur élaboration implique la tenue à distance de la concrétude et de la présence sensible des singularités, celles-ci disparaissent bientôt. L'essence et le général, souvent parés du prestige de l'universel, se substituent à elles, et la sécurité que donne la fermeté des concepts, malgré leur régulière remise en cause, prévaut sur l'inquiétude devant la fragilité des hommes et des choses. Depuis la naissance de la physique mathématique au XVIIe siècle et ses succès manifestes, l'idéal de la mathématisation du réel a d'ailleurs durablement impressionné les hommes, de façon hégémonique souvent. En conséquence, ce qui résiste à cette emprise – telles la singularité irremplaçable d'un visage et d'un nom, la clarté naissante d'un matin ou encore l'emprise d'une douleur à jamais sans équivalence – semble perdre toute signification. Ce qui ne s'intègre pas à l'ordre du concept se voit livré aux impressions, aux émotions et aux sentiments, ou encore à l'imaginaire, mais il semble impossible d'en *penser* la réalité.

L'élaboration des concepts, leur organisation selon des critères logiques de classification et de déduction, leur « fonctionnement » disent certains, comme leur élaboration progressive en système censé permettre une appropriation rigoureuse du réel, reposent en outre sur une intelligence qui, s'identifiant à la raison, décrète sa pleine et entière autonomie. Elle refuse dès lors de considérer les paroles poétiques, mythiques ou prophétiques comme des sources de pensée, et elle les renvoie au domaine du pur imaginaire, de l'irrationnel ou encore de la foi. Chaque parole a ainsi un statut très précis, et elle perd toute légitimité quand elle se risque dans un domaine qui, par principe, doit lui demeurer étranger. La parole des prophètes, affirme par exemple Spinoza, a bien une valeur dans l'ordre de la moralité, elle oblige les hommes à se conduire avec justice et charité, mais elle n'a aucun droit à prétendre constituer une connaissance. « L'objet de l'Ecriture n'a pas été d'enseigner les sciences (...) elle exige des hommes seulement de l'obéissance et condamne seulement l'insoumission, non l'ignorance [8]. » L'homme raisonnable peut donc à bon droit se dispenser d'écouter la parole des prophètes ; elle est réservée aux ignorants, à ceux qui restent incapables de s'émanciper des mirages provoqués par les passions. Par contre, celui qui s'efforce d'acquérir une connaissance claire et distincte des choses peut sourire avec condescendance de ces paroles et les abandonner à ceux que l'imaginaire envoûte, leur interdisant dès lors toute avancée vers la vérité. Cependant, il doit aussi savoir les combattre fermement quand ils prétendent qu'elles inspirent la pensée et contiennent ne serait-ce que des étincelles de vérité dont le philosophe pourrait ne pas avoir à faire fi.

La raison doit signifier leur congé aux poètes et aux prophètes et avancer, solitaire et souveraine, vers la connaissance adéquate et naturelle des choses. Cette idée, devenue souvent une évidence non questionnée, exerce son emprise sur les esprits modernes, qui aiment se référer à Spinoza et invoquer sa lutte contre les puissances de l'irrationnel, mais ne se mesurent pas toujours à la quête de sagesse et de vérité qui l'animait. Or, comme l'enseignent les pages d'ouverture du *Traité de la réforme de l'entendement*, cette quête vise *aussi* à transfigurer l'existence, elle ne cherche pas seulement à faire progresser dans l'intelligence des choses. Le désir de « guérir l'entendement » et de le « purifier » ne se laisse pas dissocier en effet de celui « d'instituer une vie nouvelle [9] ». L'idée spinoziste selon laquelle le mode de connaissance d'un homme détermine son existence ne constitue pas une simple proposition spéculative supposée demeurer sans effet sur la vie de celui qui l'énonce : elle a réellement une force de vérité qui modifie sensiblement le mode d'être et l'ordonnance des jours. Pour Spinoza, la philosophie s'identifie encore à un exercice de vie, celui qui prétend parler au nom de la raison alors que son existence dément ses propos n'est aucunement un philosophe, mais un imposteur ou encore un sophiste. Il abuse ceux qui cherchent un enseignement près de lui, l'écoutent et l'admirent, parfois il se leurre lui-même et, se réjouissant de ses succès, il oublie que le critère du vrai échappe à sa victoire et que le bel usage des concepts ne suffit pas à transformer un homme en philosophe.

Cependant, même quand elle se réclame de Spinoza, la modernité, marquée par les sciences humaines et par les tragédies de ce siècle, connaît la grande fragilité de l'idée d'une souveraineté de la raison et de sa capacité à faire accéder les hommes à une vie libre et pacifiée. Elle sait que l'excellence spéculative d'une intelligence ne la met pas à l'abri de l'emprise des puissances des ténèbres et, par ailleurs, confrontée à l'évidence des désastres de l'histoire, toujours là malgré les Lumières, elle renonce souvent à la quête de la vérité, comme si elle était caduque. Dès lors, les concepts qu'elle forge, privés de cette orientation, sont subordonnés aux critères de l'utilité et du calcul, du jeu et du pouvoir. Que reste-t-il en effet quand le désir de la vérité cesse d'animer le philosophe, parce que ce mot n'a plus aucun sens pour lui ou bien parce qu'il pose autoritairement, au nom de la raison, que la mathématisation du réel équivaut à la vérité ? Peut-il continuer à dire que, malgré son dénuement présent et à cause de lui aussi, il aime la sagesse et la recherche ?

En dépit de sa suprématie grandissante, la raison technicienne et savante ne suffit pourtant pas à la philosophie. D'une part, chacun peut constater qu'elle ne libère les hommes ni de la peur ni de la convoitise, elle les maintient captifs de toutes les passions tristes dont Spinoza analyse la nécessité chez ceux qui ignorent la voie de la sagesse. Elle se voit aussi souvent mise à leur service avec, en conséquence, un accroissement généralisé de la servitude. D'autre part, comme elle réussit à maîtriser intellectuellement et pratiquement d'innombrables processus à l'œuvre dans la nature, grâce à la production de modèles pertinents et efficaces, elle prétend s'en servir pour exercer cette maîtrise sur toute altérité, afin d'en faire disparaître l'énigme. Désormais, l'abstraction conceptuelle est en effet de plus en plus au service exclusif de cette cause. L'altérité, celle de la nature ou d'un homme, celle d'un langage ou d'une écriture, doit être assujettie au concept afin d'être comprise, ce qui signifie qu'elle doit disparaître comme telle. Sa résistance, l'énigme de l'être-là des choses et des vivants, le secret des hommes et ce qui, dans leur verbe, échappe au concept n'ont pas de sens. La raison peut donc, à bon droit, les négliger.

Cette attitude ne trahit-elle pas la cause de la philosophie ? Certes, dans l'Antiquité grecque déjà, la parole raisonnée du philosophe se veut distincte de la parole mythique du poète. Elle connaît le souci d'élaborer conceptuellement les questions que cette parole, portée par un désir de narration, souvent exhaustive, ne pose pas explicitement. Elle lui reproche en outre de ne pas permettre de distinguer le vrai du faux, à cause de son incapacité à rendre compte d'elle-même et de se justifier, malgré le prestige et la fascination de ses images, et à cause d'eux aussi. Platon affirme que si le mythe rencontre la vérité c'est uniquement « par chance » (*Phèdre* 265c) et non au terme d'une déduction d'idées bien conduite. C'est dans cette perspective qu'il oppose le *muthôdes*, le merveilleux de la narration orale propre à la poésie, à l'*aléthinos* Logos ou parole de vérité (*Rép.* 522a). Le philosophe cherche par ailleurs à éviter la confusion mythique entre les hommes et les dieux, le naturel et le surnaturel par exemple, il évoque des entités abstraites – le Bien, le Juste, le Beau – plutôt que des divinités, et il s'efforce, grâce à une argumentation raisonnée, de convaincre et non de séduire. Parfois, cependant, le mythe reçoit une faible dignité gnoséologique, censé dire, à sa façon imparfaite et balbutiante, une vérité que seul le philosophe sait expliciter et argumenter ; il devient alors une allégorie. Cette interprétation qui, évidemment, situe le philosophe en position de maîtrise vis-à-vis de la parole poétique et mythique – puisque lui seul sait ce qu'elle dit réellement – guide la plupart des réflexions sur le discours du mythe et, plus généralement, sur les textes religieux de l'humanité. A travers l'histoire de la philosophie, l'œuvre de Schelling constitue cependant une exception notable mais tardive, puisqu'il refuse cette subordination de l'ensemble des discours mythiques et religieux à celui de la rationalité discursive et conceptuelle et soutient que la symbolique du mythe constitue un mode d'expression à apprécier comme tel [10]. Un mode d'expression auquel la pensée du philosophe doit se rendre attentive sans vouloir le réduire à ce qu'elle peut en saisir conceptuellement, sous peine de ne plus l'entendre.

En dépit de ses protestations souvent véhémentes, la rationalité philosophique reste-t-elle cependant vraiment étrangère à la parole mythique ? Platon lui-même, nonobstant ses critiques, recourt à elle à maintes reprises. Ainsi, lorsqu'il désire parler de la nature de l'âme, il admet qu'il lui faudrait « une science toute divine et de longs développements » (*Phèdre* 246a), et le mythe qu'il propose alors, pour tenter malgré tout de parler de l'âme, supplée précisément à cette absence. Mais n'est-ce vraiment qu'une concession face à la faiblesse de l'intelligence conceptuelle ? En effet, si le mythe laisse insatisfait le désir de comprendre, il incite aussi la pensée à ne pas se reposer dans un savoir, fût-il très sérieusement argumenté. Et cette quête – ou ce mouvement incessant de la pensée – provoquée par le malaise de l'intelligence, par sa souffrance face aux images mythiques, qui ne cessent de lui résister tout en en appelant à elle, permet peut-être au philosophe de se tenir en plus grande proximité de cette « science toute divine » évoquée par Platon que le repos dans la sécurité d'un savoir où l'homme se croit souverain, à l'abri du doute et des questions. Comme si cette épreuve-là, l'épreuve de la persistance de l'altérité de la parole poétique et mythique au vif du discours raisonné, faisait aussi partie de la vérité cherchée par le philosophe. « Ce qui fait du mythe un mythe n'est pas ce par quoi il manque son objet propre ou ne le dit qu'imparfaitement, mais ce par quoi il atteint ce qui de l'humain ne peut se dire intemporellement non plus que sereinement : la passion, la souffrance, l'heureuse rencontre et la joie qui meurtrit [11]. »

Parce qu'il cherche la vérité, celle qui répond à la quête spirituelle de l'homme, et qu'il lui semble que la parole mythique et poétique échoue à la dire, le philosophe, dans l'Antiquité, réfléchit au sens et à la portée de cette parole. Il constate qu'elle s'associe généralement à une vision tragique du monde : la malédiction qui suit le désir de goûter au fruit défendu (*Gen.* 3), celle qui détermine le destin d'Œdipe avant même son éveil à la conscience en constituent deux terribles témoignages. Nulle issue de vie ne semble possible à celui qui désire connaître la vérité, nulle liberté et nul bonheur ; les cieux pèsent lourdement sur lui et la terre l'accueille sans bienveillance. La philosophie s'efforce de s'arracher à cette condamnation, elle constate l'éloignement de la vérité et du bien mais elle ne s'y résigne pas, elle prend acte de la finitude humaine mais s'efforce de la vivre sereinement, sans désespoir et sans frayeur. « Ce qui fait de la philosophie grecque ce qu'elle est, le fondement de la vie européenne tout entière, c'est d'avoir déduit de cette situation un *projet de vie*, quelque chose qui transforme la malédiction en grandeur [12]. »

Cependant, dans la modernité, le discrédit jeté sur la parole mythique par les scientifiques et par les philosophes, au nom de la raison, répond-il encore à ce projet ? La quête de la vérité, le souci de l'âme comme le dit J. Patocka, les anime-t-elle encore suffisamment ? Ou bien faut-il admettre qu'ils l'ont oubliée au profit du « soin de la domination du monde [13] », par le concept et la théorie, par le savoir et la technique ? Faut-il penser que la rationalité a réussi à chasser l'altérité de la parole poétique, mythique et aussi prophétique dans le domaine d'un imaginaire privé de sens et de vérité, en même temps que l'idée de sens et de vérité se voyait exclusivement confiée à la garde d'une rationalité instrumentale qui transforme le langage en formalisme vide ?

Cette situation est certainement celle d'une modernité fascinée par la science et par la technique au point de lui subordonner toute pensée, d'ériger la raison calculatrice et instrumentale en mythe intouchable et souverain et, en conséquence, de pourchasser toute altérité qui lui resterait obstinément rebelle. La parole poétique, mythique ou encore prophétique doit ainsi faire allégeance à cette raison en devenant un « objet » qu'elle étudie scientifiquement, ou disparaître des lieux du savoir. Il arrive que la raison ainsi définie devienne même l'adversaire le plus acharné des tentatives de penser autrement et qu'elle rejette dans l'irrationnel, l'imaginaire ou encore la foi tout effort de réflexion non scientifique comme si elle détenait le monopole de la pensée véritable. La radicalité du jugement de Heidegger – « la pensée (*Denken*) ne commencera que lorsque nous aurons appris que cette chose tant magnifiée depuis des siècles, la Raison (*Vernunft*), est la contradiction la plus acharnée de la pensée [14] » – souffre certes discussion. Elle vaut cependant pour une raison qui cherche à mettre au pas les esprits en leur interdisant toute écoute des verbes qui animent la pensée, toute orientation par une source d'inspiration non maîtrisable comme telle – pour une raison qui cherche une apothéose immanentiste. Mais la raison doit-elle inévitablement échouer sur cette rive ? Lorsque Platon en appelle au Logos mais consent à l'inspiration par le mythe, il engage pourtant la philosophie sur une autre voie, une voie devenue inaudible à beaucoup, en particulier à ceux qui oublient que la philosophie perd tout sens quand elle cesse d'être portée par l'amour de la sagesse.

Le langage conceptuel chasse l'altérité car il cherche à maîtriser – et non à accueillir – l'énigme des choses. Il est évidemment indispensable au travail d'abstraction propre à la science et à la philosophie, mais cela suffit-il ? Bien des philosophes le pensent aujourd'hui qui renoncent à la sagesse comme s'il s'agissait d'un archaïsme désormais dépassé ou encore d'une nostalgie sans objet. Ce faisant, la dichotomie entre le savoir et la sagesse signifie aussi l'échec de la philosophie. L'emprise croissante du langage instrumentalisé et formalisé sur la réflexion – dans le dédain violent opposé à l'écoute des verbes inspirés –, l'extrême valorisation de l'intelligence spéculative et érudite, conjointement à l'anathème jeté sur les sources de pensée étrangères au fier mouvement de son autonomie, n'induisent-elles pas de tragiques conséquences quant au destin de la philosophie et de ceux qui se réclament d'elle ?

Le mythe biblique de la confusion des langues éclaire-t-il cet état de chose ?

La confusion des langues

« Toute la terre avait une même langue et des paroles semblables. Or, en émigrant de l'Orient, les hommes avaient trouvé une vallée dans les pays de Sennaar, et ils résidèrent là » (*Gen.* 11.1-2). Certains commentateurs juifs de ce texte bien connu expliquent que l'unicité de la langue (*sapha ahat*) et des paroles (*devarim ahadim*) signifie qu'un unique (*ahad*) dessein animait les hommes. Selon R. Yohanan, ils proféraient des paroles hostiles à l'Eternel en disant : « Il n'a pas le droit de se réserver l'En-Haut et de nous assigner l'En-Bas. Allons, construisons une tour et érigeons à son sommet une idole, on lui mettra un glaive au poing, qu'elle ait bien l'air de Lui faire la guerre [15] ! » La génération de la tour de Babel ne supportait pas de servir l'Eternel, elle désirait être son propre maître et faire disparaître les signes qui lui rappelaient son statut de créature. Malgré une perspective différente, les cabalistes restent proches de cette idée, ils soutiennent en effet que ces hommes avaient uni leurs forces afin de séparer la Royauté (*malkhout*), la dernière des dix émanations (*séfirot*) divines, des neuf autres. Les paroles qu'ils échangeaient visaient toutes à constituer une bonne entente pour se faciliter les uns aux autres cette appropriation de la Royauté en la coupant des autres émanations, c'est-à-dire de tout ce qui la reliait à l'Infini (*En Sof*) ou à la source divine. C'était « un plan fou, né de l'absurdité de leur cœur », conclut le Zohar (74b).

Les sages s'appuient sur l'expression « en émigrant de l'Orient » (*miQuedem*) pour corroborer cette ligne d'interprétation : « En fait, dit Rabbi Eléazar bar Chiméon, cela signifie qu'ils s'éloignèrent de l'Ancien (*Qadmouto*) du monde, en disant : " Nous ne voulons ni de Lui ni de sa Divinité [16] ! " » Le Zohar pense aussi que l'éloignement de l'Orient ou de l'origine (*quedem*, « Orient », « origine ») permet de penser l'essence de la séparation. Les hommes décidèrent de se couper de l'Orient, c'est-à-dire, selon la signification appelée par la lettre hébraïque, de l'origine ou encore de l'antériorité. Ils se rassemblèrent donc loin d'elle pour édifier une tour dont le sommet devait atteindre le ciel et, s'encourageant les uns les autres, ils se disaient : « Faisons-nous un nom » (*Nassé lanou chem*) (*Gen.* 11.4). Très logiquement, puisque le nom reçu signifie toujours la trace, en soi, d'une altérité première, cette génération qui s'éloigne de l'antériorité, de l'origine et de l'Orient, le refuse, elle désire que la vie commence avec elle et entend donc *se* faire un nom. Les sages mettent l'accent sur la démesure de ceux qui n'ont de cesse d'effacer, autour d'eux et en eux, toute trace du passé – fût-elle celle d'un nom – car, dans une conception hautaine de la liberté, ils rêvent de se faire les fils de leurs œuvres. Ils lui opposent l'humilité de ceux qui, consentant à leur condition de créature, savent accueillir ce que jamais ils ne se donneront à eux-mêmes : la vie transmise que le nom signifie. Le Zohar (75a) identifie d'ailleurs le projet d'édification de la tour à l'idée de transformer son propre nom en objet d'adoration. Or, à cette présomption – tributaire sans doute d'une peur inavouée devant la finitude humaine – ou donc à cette idolâtrie de soi, la tradition hébraïque oppose l'humilité des descendants d'Abraham qui désirent glorifier le Nom (*Chem*) de l'Eternel – *liqro beChem Adonaï* – plutôt que de songer à s'installer fermement sur la terre, tout en s'efforçant de prendre d'assaut le ciel afin de s'émanciper de sa tutelle. « Ces hommes pensèrent en effet que la possession des secrets de la nature les rendrait indépendants de la providence divine [17]. » Ils rêvèrent de souveraineté et finirent par croire à l'imminence de leur gloire.

Le texte se poursuit ainsi : « L'Eternel descendit (*vaiered haChem*) et dit : " Voici, ils sont un seul peuple et ont tous la même langue : Voici ce qu'ils ont pu commencer à faire, et maintenant ne se dressera-t-il pas devant eux un obstacle à ce qu'ils projettent d'entreprendre ? Allons, descendons et, ici même, confondons leur langage, de sorte que l'un n'entende pas le langage de l'autre " » (*Gen.* 11.5-7). Les hommes de cette génération furent alors dispersés sur toute la surface de la terre et ce lieu fut nommé Babel, parce que Dieu confondit (*balal*) leur langue. Selon le Zohar, l'hébreu constituait la langue unique originellement parlée par ces hommes, et c'est pour « qu'ils ne puissent plus affirmer leur volonté en faisant usage de la langue sainte » que Dieu la confondit ; « leur puissance s'affaiblit alors et leur entrain fut brisé » (75b). Dispersés sur la terre, désorientés, ils ne se comprirent plus, leurs mots perdirent goût et signification. « Par leurs lèvres (*cephatam*), Je produirai des cadavres (*névéla*) », commente R. Abba bar Kahara [18]. Oublieux de l'Orient, désertés par le souffle de la sainteté, ces mots ne prenaient plus en effet source à la vie et, dès lors, ils ne pouvaient la promettre. Cependant, selon le Zohar, aux « temps à venir, le Saint, béni-soit-Il, suscitera la sagesse dans le monde, et les hommes Le serviront à travers elle, ainsi qu'il est écrit : " Je mettrai mon souffle en vous " (*Ez.* 36.27) ». Comme si la sagesse ne pouvait renaître dans les mots des hommes sans inspiration par ce qui les transcende.

Que signifie ce mythe au regard du destin de la philosophie ? Permet-il de réfléchir au sens de la séparation, tragique et mortifère, entre le savoir et la sagesse ? Permet-il d'apprécier la véritable portée de l'anathème que certains, au nom de la raison, s'arrogent le droit de faire peser sur les pensées inspirées ?

La séparation de l'Orient qui constitue une des prémisses de ce récit doit retenir l'attention. Pourquoi, en effet, la génération de Babel quitta-t-elle l'Orient ? Si l'on admet, en consonance avec la langue hébraïque, que l'Orient signifie l'antériorité originaire, il convient de dire que cette génération – et toute humanité qui lui ressemble – prétendit effacer de sa vie et de ses pensées toute orientation par ce qui la précède, mais, ce faisant, elle ne se rendit pas compte que cette orientation persistait dans les mots de sa langue. Or, selon les commentaires, c'est précisément cette persistance méconnue qui lui donnait la force de construire la tour censée attester sa pleine et entière autonomie. Dès lors, la confusion du langage décrétée par Dieu ne s'identifie pas à un geste censé châtier les révoltés, elle conduit simplement à son terme logique le refus de l'antériorité qui anime ces hommes. En effet, elle leur donne d'éprouver ce qui advient quand l'Orient disparaît absolument, c'est-à-dire quand il déserte les *mots* eux-mêmes. Or cette génération, en dépit de son désir d'une pleine autonomie de pensée et de vie, ne réalisait pas encore les conséquences de cette désertion, elle continuait en effet de parler « une même langue », la langue sainte selon le Zohar, c'est-à-dire la langue où vit le secret de l'antériorité inaccessible.

Dans cette optique, le mythe de Babel n'engage pas tant à soutenir que la multiplicité des langues constitue une déchéance qu'il n'ouvre la réflexion sur le sens de ce qui advient aux mots des hommes lorsque ceux-ci, bien décidés à se fermer à toute orientation par une antériorité, la pourchassent dans le langage lui-même. La confusion et la dispersion vont alors de pair, affirme ce récit, comme si, une fois la direction de l'Orient outragée par la brume des verbes surgis du désir que le jour commence avec soi, les mots ne pouvaient plus, par eux-mêmes, fournir de critères du sensé. Lorsque le Zohar affirme que, jusqu'à l'achèvement de la tour, les hommes parlaient la langue sainte, il entend certainement par là que l'hébreu est la langue qui veille par excellence sur ces critères. Mais ne dit-il pas aussi, de façon plus générale, qu'il faut qu'une langue soit visitée par l'idée de sainteté pour que les hommes s'entendent et mènent à bien leurs œuvres ? Autrement, à oublier cette idée, à ne plus savoir qu'elle demande à chacun de penser sa vie et son verbe comme réponse à un appel qui le transcende et l'oriente vers le Bien, les hommes errent dans leurs mots, malgré la richesse des langues et la beauté des significations que les hommes donnent aux choses. Car « l'absurdité consiste non pas dans le non-sens, mais dans l'isolement des significations innombrables, dans l'absence d'un sens qui oriente. (...) L'absurdité tient à la multiplicité dans l'indifférence pure [19] ». Et c'est précisément parce qu'elle restait encore étrangère à ce stade de l'indifférence pure que, selon les commentaires, la génération de Babel ne fut pas condamnée, comme celle du déluge, à la disparition mais à la dispersion. Ces hommes parlaient la langue sainte, cela signifie qu'ils « pratiquaient entre eux l'amour et la fraternité », dit admirablement Rachi [20]. Malgré leur désir d'obscurcir les traces de l'antériorité et de se suffire enfin à eux-mêmes, cet amour et cette fraternité attestaient qu'ils n'avaient pas encore chassé la sainteté de leurs mots. Pourtant, la logique de l'émancipation de l'Orient veut, d'après ce texte en tout cas, que peu à peu cette sainteté soit condamnée à disparaître du langage lui-même. Ce qui signifie qu'un langage, ignorant de l'altérité divine, finit par repousser toute altérité censée mettre en cause sa suffisance d'être.

Où situer, dans cette perspective, la philosophie et la langue grecque où elle prit naissance ? Dans le Talmud, les rabbins (*Meguila* 8b-9b) discutent de la légitimité de la traduction de la Torah en grec. Selon Rav Yehouda, cette traduction doit se limiter au Pentateuque car, lorsque Ptolémée la commanda à soixante-douze sages, qui chacun séparément devait s'adonner à cette tâche, « le Seigneur a inspiré chacun et ils se trouvèrent dans la même pensée et ont écrit pour Lui » les mêmes expressions, sans se consulter. R. Chimon ben Gamliel pense cependant qu'on peut traduire tous les livres saints en grec, car il est écrit : « Que Dieu donne de la beauté à Japhet » (*Gen.* 9.27). « Or ce qui est le plus beau dans la descendance de Japhet, c'est le grec. » Il convient donc que le Dieu qui « réside dans les tentes de Sem » (*Gen.* 9.27) s'expose à la clarté du verbe de Japhet. Ce qui signifie aussi que la sagesse inspirée des Hébreux accepte le risque de se dire dans la langue de la philosophie.

Pourquoi cependant parler de risque ? Dans son exégèse

du livre de Daniel (7.2-7) sur les quatre bêtes ou les quatre empires – Babylone, la Perse, la Grèce et Rome – qui, avant la venue d'un fils d'homme (7.13) dont la royauté libératrice sera éternelle, se succèdent dans l'histoire et violentent Israël, le Maharal de Prague insiste sur la spécificité et la subtilité du danger de la Grèce. Il soutient en effet que celle-ci ne tourmenta pas Israël par brutalité mais par jalousie. La Grèce aimait la sagesse mais ne supportait pas la rivalité d'une autre sagesse, c'est pourquoi elle « enténébra les yeux d'Israël par ses décrets, lui ordonnant ainsi : " Inscrivez sur la corne du taureau que vous n'avez rien à voir avec le Dieu d'Israël [21] " », puisque votre reniement lors de l'adoration du veau d'or (*Ex.* 32.) signifie la fin de toute relation vivante avec ce Dieu. La Grèce, dit le Maharal, s'efforçait ainsi d'anéantir le lien d'Israël à Dieu, car elle pressentait que, malgré les aléas de l'histoire, ce lien constituait la source vive de sa sagesse. Or c'était la proximité même de la Grèce à la Torah qui suscitait dans cette civilisation ce désir de la détruire, « car c'est le fort qui envie le fort [22] ». La Grèce voulait que sa propre sagesse prévale, absolument, sans faire place aux prétentions d'une autre sagesse, sans concéder aux Hébreux le droit et la possibilité concrète de dire et de transmettre « la trace extraordinaire que la Révélation laisse dans une pensée qui, par-delà la vision de l'être, entend la parole de Dieu [23] ». La Grèce, selon le Maharal, se sentait menacée par la présence du souffle divin dans le verbe hébraïque, en le traduisant elle espérait en maîtriser l'énigme, se l'approprier et effacer la trace de la Révélation dans la pensée.

La traduction de la Torah ouvre en effet au risque de l'oubli de cette trace car, en dépit de l'attention fidèle des traducteurs, le Dit grec n'induit évidemment plus la reprise incessante du questionnement inspiré par la lettre hébraïque. La Torah écrite prend dès lors existence dans une langue étrangère, coupée de la tradition ouverte de ses commentaires, ou Torah orale : elle se voit ainsi privée de son orientation fondatrice. Néanmoins, face à l'importance universelle de la sagesse grecque, Israël ne peut qu'accepter ce risque, ou cette « épreuve spirituelle », d'énoncer, dans « cette école du parler patient [24] », clair et méthodique, qu'est la langue de la philosophie, la trace laissée dans la pensée par la Révélation. Il le faut en effet non pour tenter de vaincre à son tour, mais pour que les hommes sachent que la rationalité philosophique peut s'ouvrir au verbe inspiré des prophètes et l'accueillir au cœur de son effort conceptuel, sans qu'il y ait là renoncement à penser et soumission à l'irrationnel.

Dans cette perspective, le Talmud (*Baba Kamma* 83a) distingue la langue et la sagesse grecques. Il faut consentir, dit-il, au risque de parler grec sans pactiser avec la sagesse grecque. « Que ce livre de la Torah ne quitte jamais tes lèvres et que tu la médites jour et nuit » (*Jos.* 1.8) ; « trouve-moi une heure qui ne soit ni du jour ni de la nuit et étudie alors la sagesse grecque », commente R. Yischmaël (*Menahoth* 100a). L'orientation vers la sagesse grecque répondrait donc aux heures qui échappent à la lumière et à la nuit, à ces heures d'indécisions et de doutes où Israël ne supporte plus d'affronter la pluralité des questions posées aux versets, questions qui mettent en évidence l'inépuisable et énigmatique vie du sens. Israël se tournerait alors vers la sagesse grecque, vers le « rationalisme du oui et du non [25] », comme si, à l'inquiétude propre à l'esprit qui ne cesse d'interroger et d'interpréter la lettre, devait enfin succéder l'apaisement propre au temps des certitudes. Mais le rationalisme fondé sur l'opposition du vrai et du faux constitue-t-il une bonne méthode pour dire la trace laissée dans la pensée par la Révélation, c'est-à-dire par une Parole qui, selon la Bible, appelle l'homme et l'oriente, espère sa réponse mais ne peut la contraindre ?

La sagesse grecque ne se réduit pas, bien sûr, à un tel

rationalisme, mais le recours à la clarté de sa logique et de ses concepts – comme à une source discriminante pour établir la vérité et la fausseté d'une proposition, dans le cas de l'interprétation d'un texte hébraïque – induit l'oubli de la trace de cette Parole dans la pensée. En effet, cette trace ne se donne pas comme une évidence censée chasser une bonne fois le clair-obscur de la réflexion et des actes, elle ne s'établit pas avec la fermeté propre à ce qui ne souffre aucune discussion. Davantage, à l'instant où un homme tire contentement et fierté de ses conclusions solidement argumentées, elle les ouvre à nouveau sur l'inédit d'une question qui les bouleverse. Car la rencontre de cette trace s'éprouve comme une incessante inquiétude et comme un inconfort, elle ne ressemble pas à un privilège qui autoriserait une traversée sereine de l'existence, une traversée à l'abri que procure la jouissance de la vérité.

Ce faisant, cette rencontre offre un espace indispensable de respiration à une pensée qui s'éteint dès qu'un savoir se substitue à elle. Or, selon les rabbins du Talmud du moins, c'est précisément ce risque du savoir que fait courir la sagesse grecque à la Torah d'Israël, en particulier parce que cette sagesse n'admet pas que les opinions multiples des hommes attestent d'autre chose que de leur imperfection et de leur éloignement de la vérité. Elle plaide la cause d'une vérité abstraite, objective et universelle, d'une vérité que les opinions ignorent. A cette thèse les rabbins opposent l'idée que des opinions différentes, dès lors qu'elles restent orientées par le désir d'interpréter le texte biblique sans motif intéressé (*lishma*) et par l'attention à la tradition orale, doivent demeurer dans leur pluralité. Aucun philosophe n'a autorité pour les dénoncer, fût-ce au nom d'une vérité qu'à force de rigueur et d'abstraction il aurait réussi à atteindre. Elles méritent de demeurer, car elles ne sont pas des aléas subjectifs, partiels et relatifs, mais des moments d'une vérité qui, pour la tradition hébraïque, n'appartient qu'à Dieu et ne peut donc jamais s'énoncer avec plénitude dans un Dit humain, qu'il s'écrive en hébreu ou en grec.

Malgré la violence des discours, religieux ou philosophiques, qui se refusent à ce verdict de constant inachèvement, il faudrait donc tisser patiemment les fils d'une pensée qui grandit et mûrit, au cœur de jours habités par l'amour et la crainte d'un Dieu dont la proximité résiste à la pleine luminosité. Car, comme le dit la tradition hébraïque [26], si la sagesse présuppose l'amour – ce que la Grèce enseigne aussi – elle est indissociable de la crainte, une crainte provoquée par la proximité même de cette trace qu'il s'agit d'accueillir dans une pensée et un verbe humains, malgré la dure violence de ceux que seule la science fascine, malgré la positivité des discours qui se refusent à l'excès de toute transcendance. Or il faut chercher à dire cette pensée et ce verbe non par volonté de convaincre les obstinés ou les indécis, mais par désir de transmettre, à ceux qui voudront l'entendre, le visage que la vérité prend pour un homme quand, au lieu de se perdre avec les dispersés de Babel, il se tourne vers l'Orient. Il le faut absolument afin que cette vérité vive car, comme le rapporte un midrash [27], depuis un temps immémorial, Dieu l'a jetée à terre non pour l'humilier et la profaner, mais pour qu'elle monte de la terre, qu'elle soit l'offrande et la réponse de l'homme à l'amour de Dieu, comme il est dit (*Ps.* 85.12) : « Du sein de la terre germera la vérité. »

La trace qui interdit au discours de se fermer à toute altérité dérangeante ressemble à la trace de la sainteté dans les mots. Or, avec la dispersion de Babel, les hommes, ayant fui l'Orient, ont aussi perdu le sens de cette trace, leurs mots désorientés cherchent alors un sens qui commence avec eux. Un sens ignorant de la sainteté propre à l'antériorité du verbe, qui fait être les hommes et les appelle à la vie de l'esprit. La raison, assurent en effet bien des philosophes, constitue la source même du sensé, elle doit s'alléger du poids de cette antériorité et cheminer sereine dans l'énoncé de ses propositions conceptuelles fondatrices de vérité. Cette raison chasse la crainte propre aux ignorants, la crainte qui, selon eux, entretient l'esclavage de l'intelligence et non l'éclosion d'une sagesse. Et il arrive aussi, lorsque l'idéal de maîtrise l'envoûte, qu'elle fasse fi de l'amour, comme si sa brûlure diffuse était indigne d'elle. Dans son désir enfin d'ouvrir la voie à la liberté de l'esprit, elle ne supporte pas la présence à ses côtés d'une pensée orientée ou inspirée par le Livre, et elle la combat, au mieux en décrétant qu'il s'agit de l'expression d'une foi, respectable peut-être mais indigne comme telle de la philosophie.

Mais n'est-ce pas là infidélité à la philosophie comme amour de la sagesse et « exercice spirituel » ? Ne faut-il pas se rappeler que, pour les Grecs aussi, la source du sens demeure cachée ? Le Logos en effet, loin de s'identifier à une rationalité sans antériorité, donne à méditer la présence d'un verbe qui rend le monde intelligible mais préserve son énigme. Même si ce verbe ne doit pas se confondre avec le Davar hébraïque, cette parole originaire d'où sourd toute vie selon la Bible, il met malgré tout sur la voie d'une antériorité significative. Comme l'éprouve le poète, « c'est la parole qui engendre toute pensée, car elle est plus grande que l'esprit humain qui n'est que le serviteur de la parole [29] ». Une telle proposition a-t-elle cependant sens pour un philosophe, pour celui qui s'efforce de raison garder ? Et ne faut-il pas apprécier différemment ce que Logos et Davar donnent à penser à propos de cette parole ?

La parole première

Le Logos, dit Héraclite d'Ephèse, gouverne le monde, il émane des choses mêmes et il confère sens à tout ce qui est ;

néanmoins les hommes ne parviennent jamais à le saisir en sa plénitude. En effet, ils « sont incapables de le comprendre, aussi bien avant de l'entendre qu'après l'avoir entendu pour la première fois, car bien que toutes choses naissent et meurent selon ce Logos-ci, les hommes sont comme inexpérimentés quand ils s'essaient à des paroles ou des actes, tels que moi je les explique selon sa nature, séparant chacun et exposant comme il est ». Le Logos est commun à tous, chaque âme lui appartient, et pourtant la plupart l'ignorent, « vivent comme avec une pensée propre [29] » et n'éprouvent même pas la nostalgie d'une parole originaire puisqu'ils se contentent de l'approximation de leur verbe et de leur pensée. Identifié, par Héraclite, au feu éternel qui s'allume et s'éteint en mesure, le Logos constitue pourtant la raison d'être des choses, celle que le sage s'efforce de connaître en l'écoutant, sans se laisser prendre au piège de son verbe et de ses idées propres, car il sait qu'ils sont habités par une parole qui les dépasse, par une parole qui excède ce que les mots humains peuvent en dire. Ainsi, le Logos ne sourd des vocables d'un homme qu'à condition que celui-ci se tienne à l'écoute de sa présence énigmatique, en lui et dans les choses.

Or les hommes n'écoutent pas bien ; offusqués souvent par leurs intérêts ou leurs soucis de l'heure, ils se trompent et confondent leur verbe avec le Logos. Héraclite les met en garde : là où ils croient entendre en toute clarté, se cache encore un secret qui leur échappe, car le Logos ne se laisse pas saisir ainsi. Nulle certitude humaine ne peut s'approprier son sens, et il convient donc d'écouter encore, au-delà de ce qui est dit, au-delà de la positivité des propos. « Limites de l'âme, tu ne saurais les trouver en poursuivant ton chemin, si longue soit toute la route, tant est profond le Logos qu'elle renferme. » D'ailleurs, même dans ce cas, même lorsque le sage se tient attentif à la proximité et à l'éloignement du Logos dans les mots qu'il profère, l'ambiguïté demeure : « Le prince dont l'oracle est à Delphes ne parle pas, ne cache pas, mais signifie [30]. » Or, si cette signifiance échappe évidemment à ceux qui s'en tiennent à leurs pensées propres, elle n'apparaît pas pour autant en toute clarté à ceux qui tendent l'oreille pour la recueillir. Les fragments d'Héraclite, fragments énigmatiques et obscurs, expriment par excellence cette proximité et ce retrait du Logos. Ils ne constituent pas une philosophie achevée, encore moins un savoir systématique, ils fraient simplement une voie vers une pensée attentive au secret dont vit tout ce qui est. Et, contrairement aux mythes qui, eux aussi, tentent de dire ce secret, le langage de la philosophie délaisse la richesse foisonnante de l'imaginaire, il « découvre le pouvoir d'éclairement de la parole brève, privée d'images et comme ascétique ». Comme si des mots très simples – parole, être – portaient au jour du verbe humain « plus de secrets que les plus hauts noms sacrés, au point de leur être supérieurs en dignité ». Comme si, grâce à eux, « la puissance d'énigme et la part du sacré [31] » du langage mythique venaient investir le langage naissant de la philosophie.

Pourtant, celle-ci, après Héraclite, ne se complaît pas à cette part du sacré et à cette énigme des mots, elle cherche au contraire à l'effacer, grâce à l'art dialectique censé permettre d'atteindre la claire essence des choses et d'en transmettre la vérité. Le langage sert l'Idée, il oriente l'homme vers l'Etre et constitue un bien si précieux que Platon, dans le *Phédon* (89d), déclare qu'il ne peut arriver pire malheur à l'homme que « de prendre en haine les *logoï* ». Mais ce langage perd désormais son *aura* mystérieuse, car le philosophe résiste à la séduction des mots et à la force suggestive des images, il veut s'entendre avec son interlocuteur sur leur sens précis et justifier ses propos, « la signification première du Logos est donc de *pouvoir répondre de ce qu'on avance*, de pouvoir en rendre raison en renvoyant aux principes [32] ». La dialectique implique la cohérence dans la déduction des propositions, l'acceptation de la nécessité logique, et le modèle mathématique de raisonnement constitue pour elle un guide précieux. Elle culmine dans la saisie intuitive des Idées, lorsque le philosophe, au terme de la longue patience du raisonnement, comprend enfin vraiment ce qu'il dit. Il sait alors que l'Etre se donne dans le langage rigoureux et rationnel de ceux qui aiment la sagesse et qu'il échappe à ceux qui s'attardent à l'immédiateté des images captivantes des poètes.

Cet idéal marque décisivement la philosophie, Aristote cherche ainsi à élaborer la pertinence du raisonnement sur le modèle du syllogisme ou d'une science démonstrative qui « parte de prémisses qui soient vraies, premières, immédiates, plus connues que la conclusion, antérieures à elle, et dont elles sont les causes [33] ». Ultérieurement, après le discrédit jeté sur le syllogisme par la philosophie classique, le modèle mathématique continuera de fasciner tous ceux qui voudraient parvenir à une pleine et entière autonomie vis-à-vis du langage non rationnel. Descartes déclare, par exemple, que, « dans la recherche du droit chemin de la vérité, on ne doit s'occuper d'aucun objet sur lequel on ne puisse avoir une certitude aussi grande que celle des démonstrations de l'Arithmétique et de la Géométrie [34] ». Spinoza démontre son *Ethique more geometrico* afin de convaincre que tout ce qui est se déduit de la nature infinie de Dieu avec la même nécessité que celle qui régit la géométrie.

La rigueur scientifique constitue, aujourd'hui encore, le mot d'ordre de bien des entreprises philosophiques, qui se réclament d'elle pour exclure ce qui ne lui ressemble pas. Cependant, ne négligent-elles pas de penser que, chez Descartes ou Spinoza par exemple, la rigueur ne constitue pas une fin en soi mais sert l'aspiration à la sagesse ? Le désir de délivrer la pensée de l'emprise de tous les présupposés irrationnels, singulièrement de celui d'une parole première, mythique, poétique ou prophétique, hante certes la tradition philosophique classique, mais l'amour de la vie sage lui donne seul sa véritable portée. Spinoza chasse certainement l'emprise des affects et de l'imagination sur la pensée, il se méfie de leur trouble et de l'errance douloureuse qu'ils provoquent, il veut en « guérir » et en « purifier » l'intelligence, car il les considère comme des entraves à la connaissance, mais il ne renonce pas pour autant à l'amour. C'est au contraire par amour de la vie sage et par désir de partager avec d'autres la joie qu'elle provoque qu'il s'en méfie et les dénonce. L'idée que la spéculation intellectuelle puisse constituer une activité et un bien en soi, une activité qui n'apporte pas à la vie sensible, la sienne et celle d'autrui, la lumière d'une véritable sérénité, est donc infidèle à son projet.

Or ce qui, en l'homme, cherche la sagesse et la sérénité n'émane pas d'une intelligence spéculative épurée de l'ingérence de tout amour, libérée de toute émotion et de toute passion. L'abstraction seule n'a d'ailleurs aucune chance de donner le goût de la vie sage. Seul l'amour élève la raison, enseigne déjà Platon, sans lui un homme peut sans doute réussir à connaître beaucoup de choses, mais ce savoir déserte sa vie, et la philosophie perd alors son sens. Dès lors, même si elle revêt les lettres de noblesse d'une belle et subtile érudition, même si elle s'aventure sur le terrain d'une audace spéculative inégalée, son exercice reste sans prise sur l'existence. Mais le désir d'effacer l'antériorité du Logos et de poser la raison en source souveraine de sens, la négligence à s'interroger sur ce qui, en soi, cherche la vérité – parce que, pour beaucoup, cette question n'a aucune pertinence philosophique – constituent la matrice de cette désertion. L'oubli de la transcendance du Logos sur le langage conceptuel ou théorique, la certitude que les paroles des poètes ou des prophètes relèvent d'une affectivité, d'une mémoire ou d'une imagination dont la quête de la vérité doit délivrer – comme s'il allait de soi que cette quête concerne exclusivement l'intelligence spéculative – fraient la voie à l'autonomie du philosophe. Cependant, l'intransigeance même de cette autonomie et le refus qu'elle impose de pactiser avec la parole non rigoureuse des poètes et des prophètes ne risquent-ils pas de priver la parole du philosophe de l'amour indispensable à la sagesse ?

La pensée philosophique, soucieuse de rendre raison de ce qu'elle dit, désireuse de cohérence, de clarté et de distinction, dénonce l'extravagance de l'antériorité d'un verbe originaire, transcendant aux discours sensés que certains du moins s'efforcent de tenir. Elle le combat, violemment souvent, comme si elle se sentait menacée par lui, mais cela ne signifie-t-il pas dès lors qu'elle « reconnaît son énigme [35] » ?

La tradition hébraïque se réfère à un tel verbe, le Davar de Dieu, Davar créateur de tout ce qui est, Davar transmis par un Livre que, génération après génération, sans se lasser, les hommes commentent. Ce Davar, comparé, comme le Logos d'Héraclite, à un feu – « Ma parole n'est-elle pas comme un feu ? dit l'Eternel » (*Jér.* 23.29) – appelle en effet une étude constante, une étude fondée sur l'échange avec d'autres, car, dit le Talmud, « les paroles de la Torah ne s'épanouissent pas par une étude solitaire, tout comme le feu ne prend pas tout seul » (*Taanith* 7a). Le Davar hébraïque, ou cette parole divine antérieure à toute proposition humaine de sens, constitue pour ceux qui l'écoutent l'orientation première et ultime de leur pensée, de leur verbe et de leur conduite. Pourtant, il ne se donne jamais dans sa plénitude, le verbe de l'homme dit ce qu'il en entend, il lui répond, sans pouvoir prétendre l'exprimer dans sa transparence, sauf dans l'égarement de l'idolâtrie. Dès lors, quand cette réponse se veut philosophique, elle paraît étrange, et souvent inacceptable, au regard d'une certaine idée de l'*essence* de la philosophie comme quête de l'*arché*, du fondement, du commencement ou du principe et comme désir de justifier en raison tous les énoncés du langage. Car le philosophe, dans cette perspective, ne se sent aucunement requis par le préalable d'une parole ou d'un texte comme par un secret irréductible dont il aurait à charge de faire l'exégèse perpétuelle, il s'efforce plutôt d'énoncer dans la clarté et la distinction d'un discours conceptuel ce qui, jusqu'ici, lui résiste dans cette parole ou ce texte. Mais celui qui cherche à penser l'irréductible excès du Davar sur les mots de l'homme cesse-t-il pour autant de mériter le nom de philosophe ?

Cette question engage à réfléchir à la nature et au statut du langage car, s'il a essentiellement une fonction instrumentale et si les seuls mots aptes à recevoir l'habilitation philosophique relèvent d'une rationalité visant la maîtrise et la déduction d'idées sur la base de principes fermement établis, la réponse s'avère négative. Aucune parole en excès par rapport à ces mots n'étant dès lors à écouter qui serait source d'inquiétude et d'enseignement pour ce philosophe, aucun verbe n'étant à entendre qui fragiliserait ses certitudes en y introduisant le tremblement et le ferment de la crainte et de l'amour inspirés par le sentiment que le secret premier et ultime des choses habite le langage. Or c'est précisément la trace de ce secret, au cœur des paroles et des choses, qu'une pensée tenue en éveil par la méditation du Davar divin cherche à transmettre. Là où le philosophe, ordinairement, s'adonne à une recherche, patiente et lucide, souveraine et libre, des principes des choses – en s'efforçant de s'en tenir à un langage adéquat à cette quête, c'est-à-dire à un langage autonome vis-à-vis de tout souffle inspiré –, cette pensée accueille le langage comme le don du plus haut secret. Secret qui appelle une exégèse nécessaire et interminable car, malgré le rêve de bien des philosophes, aucune idée adéquate n'existe qui le révélerait enfin dans sa plénitude.

Souvent, il semble que les mots se figent et ne transmettent plus d'idée vivante ; comme tout langage, celui de la philosophie connaît la récurrence de ce péril. Or, pour lutter contre cette sclérose des mots, pour leur rendre force de vie, il faut leur prêter une attention renouvelée afin de mieux percevoir le trésor de significations qui, malgré l'indifférence humaine, continue de se dire en eux. Et, sur ce point, la philosophie gagne peut-être à se mettre à l'école de ceux qui éprouvent la noblesse de la tâche herméneutique. A leur façon, les poètes consentent à cette tâche. En effet, ils « ne découvrent rien de nouveau, ils apprennent seulement à comprendre de mieux en mieux le secret qui leur a été confié au début, et leur création est une exégèse continuelle, un commentaire de cet unique verset imposé. D'ailleurs, l'art n'éclaircit pas jusqu'au bout ce secret. Ce nœud de l'âme n'est pas un faux nœud qui se défait lorsqu'on en tire un bout. Au contraire, il se resserre [36] ». Le poète rend aux mots « leur vertu de corps conducteurs », grâce à lui, aux instants précieux où son existence éphémère lui donne âme et chair, « le verbe reprend conscience, si l'on peut dire, de son sens premier [37] ».

Celui qui, au vif de sa tâche de penser, se sait requis par le Davar hébraïque ressemble à ce poète. Comme les autres mots en effet, les paroles de la Torah risquent souvent de s'affadir et de ne plus porter la vie mais d'entretenir le ressassement de quelques certitudes violentes. Rabbi Nathan compare ces paroles à une vaisselle d'or qui, « aussi longtemps qu'elle est grattée et polie, brille et éclaire le visage de l'homme ». Loin de se reposer sur telle ou telle opinion des sages à leur sujet, chacun doit donc, dans le présent de ses jours humbles mais irremplaçables, aller à nouveau vers elles, leur consentir attention et les habiter, c'est-à-dire répondre à leur appel, plutôt que de se contenter de les proclamer. D'ailleurs, ajoute Rabbi Nathan, « lorsque l'homme ne les habite plus, elles deviennent aussi fragiles qu'une vaisselle en verre [38] », elles ne résistent pas à la moindre adversité. La fermeté d'une argumentation intellectuelle autonome décidée à les tourner en dérision, la souffrance devant un soudain malheur ou même une simple épreuve en ont alors facilement raison. De son côté, celui qui s'efforce de dire et de transmettre ce qu'il entend de ces paroles en leur dédiant son intelligence et sa vie n'ignore évidemment pas que le nœud du secret qui relie son âme à l'Infini du Dire divin ne cédera pas. Loin de constituer une dénonciation de la vanité de sa tâche, cette certitude l'incite à ne pas confondre son opinion, ou celle d'un autre, avec l'absolu de la vérité ; elle le préserve donc de l'idolâtrie. Cela ne signifie pas le consentement au relativisme des opinions de chacun ou, inversement, leur dénonciation comme des approximations sans valeur de vérité, car elles restent constamment au diapason d'une voix unique (*Kol*) dont elles expriment une détermination. Elles ne cessent d'écouter « la grande voix » qui les précède et « ne s'interrompt pas » (*ve lo iosaf*) (*Deut.* 5.19), comme le suggère la traduction araméenne par Onquelos de ce verset solidaire du don des dix paroles (*diberot*) au mont Sinaï. Or, selon Méir Ibn Gabbay et bien d'autres sages, c'est cette voix-là qui se fait entendre dans les opinions de ceux qui répondent à l'appel du verset, même si son sens premier et ultime leur reste irréductible. « Leur voix est la voix même qui ne s'arrête pas [39] », soutient-il. En effet, les opinions des sages ne se fondent pas, comme celles des philosophes, sur un pouvoir de réflexion autonome, les sages sont constamment orientés par cette voix. Dès lors, malgré leur pluralité et leur divergence, ce qu'ils disent s'insère dans l'unicité d'une tradition dont aucun d'entre eux n'est le maître exclusif. Méir Ibn Gabbay estime que les contradictions évidentes entre leurs divers enseignements et décisions « n'existent que par rapport à nous mais non par rapport au divin [40] ». Elles transmettent un visage du sens et à ce titre sont, chacune, parfaitement légitimes, le seul mal étant de les confondre avec la vérité divine.

Cette nécessité de la pluralité des opinions permet de comprendre pourquoi, selon la *Michna*, les controverses qui ont lieu « au nom des Cieux » subsisteront jusqu'à la fin des temps, tandis que celles qui reposent sur des motifs intéressés disparaîtront [41]. Les opinions défendues par désir de s'imposer à l'autre, comme celle de Coré et de son assemblée, ignorent la Voix ou prétendent s'en approprier le sens ; elles ne laisseront pas de trace, sauf peut-être celle du souvenir de leur violence, car leur souffle à mesure strictement humaine s'abîmera dans la mort. Mais celles qui, nonobstant l'âpreté des controverses, sont animées par une quête désintéressée de la vérité et de la sagesse passeront les siècles et continueront de faire vibrer les esprits. C'est à leur propos qu'il convient de dire « celles-ci et celles-là sont les paroles du Dieu vivant » ; et l'affirmation du Rav Kook – « les différentes pensées ne se contredisent pas l'une l'autre fondamentalement, chacune révèle l'Unité telle qu'elle apparaît selon des étincelles différentes [42] » – vaut par excellence pour elles. « Dieu prononça ces paroles pour qu'elles soient dites » (*Ex.* 20.1), pour que chaque génération les transmette à la suivante ou encore, comme l'enseigne le Talmud, pour qu'elles guident « celui qui s'instruit par elles du chemin de la mort vers le chemin de la vie » (*Haguiga* 3b). Or ces paroles ne s'imposent pas avec la clarté fulgurante d'une évidence qui ne souffre aucune discussion, elles en appellent à l'homme pour qu'il les entende, aujourd'hui, sans le contraindre et sans le destituer de sa tâche de penser. Le Davar hébraïque annonce certes une antériorité du sens sur les significations multiples que la raison donne aux choses, mais cette révélation n'a rien d'une illumination soudaine et souveraine. Elle souffre l'humilité, elle n'inspire l'homme qu'à condition qu'il consente à l'accueillir, grâce à un questionnement qui porte le sceau de la crainte et de l'amour et non celui de l'intérêt. Les paroles de la Torah ne sont pas bonnes en effet pour être consignées dans un Livre mais, comme le précise le Talmud, pour être « présentes sur les lèvres » (*Érouvin* 54a), ici et maintenant, dans la fragilité d'un souffle humain.

Souvent, cependant, l'homme distingue mal les discussions « au nom des Cieux » de celles qui défendent des intérêts propres, même quand elles prétendent s'autoriser de tel ou tel verset biblique. Il ne perçoit que la division, la contradiction et la violence des décrets d'anathème, le scepticisme s'insinue alors en lui face à tant de doctes et contradictoires affirmations. Cette incapacité à tracer une ligne de partage entre les opinions intéressées et celles qui sont faites « au nom des Cieux », cette impossibilité de percevoir l'unité cachée dans les opinions, constituent-elles la marque de l'exil sur les esprits, comme l'enseigne Rabbi Méir Ibn Gabbay ? Et comment alors entendre cette idée d'un exil spirituel ? N'incitent-elles pas aussi à réfléchir au sens de l'irréductibilité de la quête de la sagesse et de la vérité à un mode affirmatif de penser ?

II.
Le Dire et le Dit

L'opposition nietzschéenne entre l'esprit apollinien – orienté dans ses réflexions par un idéal de lucidité et de mesure, soucieux de préserver l'individuation et la belle apparence des choses – et l'esprit dionysiaque, fasciné par la démesure, l'ivresse et la perte du sens des limites – sert parfois de fil conducteur pour départager les pensées. Celles qui se réclament de l'esprit apollinien, de son rêve de clarté et de distinction, de la sobriété de son verbe et de son épargne des émotions, relèveraient par excellence de la philosophie. Par contre, celles qui se laisseraient séduire par l'éclat et la violence de Dionysos, comme par l'intensité et l'absence de sérénité de son verbe, inclineraient, au mieux, à admettre le tragique au principe des choses. Plus généralement, cependant, elles conduiraient vers une pure et simple soumission à l'aveuglement des passions, au délire de l'imaginaire et à la fascination par la prodigalité d'un verbe oublieux des limites du savoir. Nietzsche considérait ainsi Socrate comme un maître de « la raison à tout prix », un adepte de « la vie claire, froide, prudente, consciente, dépourvue d'instincts [1] », ce qui à ses yeux, d'ailleurs, ne constituait pas un éloge, mais une dénonciation. Socrate aurait apporté maladie et décadence à la culture grecque, à cause de sa peur et de son refus de l'excès, de sa lutte contre les passions et l'instinct ;

il aurait voulu interrompre la « révélation » de l'hellénisme primitif, « s'engendrer lui-même et répudier toute espèce de tradition [2] ». Cette appréciation de la pensée de Socrate souffre évidemment discussion, car il n'est pas certain que celui qui admettait, dans le *Phèdre* (244b), qu'il arrive que les Dieux inspirent l'homme de façon magnifique ait quelque ressemblance avec ce portrait ; néanmoins elle souligne, fût-ce pour le regretter, une ligne de démarcation et d'antagonisme entre la philosophie et son autre, séparation qui n'a cessé de s'imposer à ceux qui privilégient la raison en toute chose. Les philosophes, en effet, admettent mal l'esprit dionysiaque et la tragédie : ils cherchent à maîtriser l'illimité et à tenir en respect la démesure des passions ; leur souci d'assagir la vie par le concept s'entend mal avec le langage des poètes, avec leurs mots ourlés d'ombre et de lumière non maîtrisables, avec la proximité déroutante d'une sensibilité qui ne succombe pas au prestige des idées.

L'esprit dionysiaque et la tragédie ne détiennent pas cependant le privilège ou l'opprobre de défier la grandeur de la philosophie. Les pensées inspirées par les Livres religieux de l'humanité subissent souvent l'anathème des philosophes, qui, au nom de la raison, dénoncent leur langage sans concepts tout en concédant, parfois du moins, qu'ils transmettent une certaine sagesse pratique. Spinoza voit ainsi dans l'enseignement des prophètes hébreux un guide vers la justice et la charité, un guide utile et sans doute nécessaire à tous ceux qui restent incapables de se hausser, par eux-mêmes, jusqu'à la belle sérénité d'une vie sage et raisonnable, c'est-à-dire à la multitude. Mais aucune vérité spéculative n'affleure, selon lui, de leurs paroles, car l'imaginaire les envoûte et les leurre, ils ne savent pas réellement ce qu'ils disent.

Il convient ici d'interroger le bien-fondé de cette ligne de partage et, conjointement, cette affirmation du caractère purement pratique de la sagesse que les hommes, éventuellement, tirent de leur lecture des prophètes. Le philosophe peut-il en effet, sans se renier, ouvrir un Livre dont le langage excessif et rebelle à la sage réserve du concept semble toujours dire davantage que ce qu'il dit ? Ne doit-il pas plutôt, à la suite de Spinoza, tout en admettant éventuellement la portée morale de la véhémence des prophètes, dénoncer fermement leur imagination comme obstacle radical à la connaissance de la vérité et s'astreindre, quant à lui, à une sévère ascèse des mots, dans ce qu'il dit ou dans ce qu'il écrit, comme s'il existait une incompatibilité d'essence entre la vérité et toute parole animée par la quête d'une certaine beauté de son verbe ? Certains, pourtant, outrepassent cette austère mise en garde : ils consentent à se laisser inspirer par ce Livre, par son langage ignorant du concept, comme s'ils pressentaient que la blessure infligée, par cette lecture, à l'idéal de maîtrise qui préside la rigoureuse ordonnance des systèmes philosophiques constituait un bien précieux. Mais de quel ordre est ce bien ? Appelle-t-il sur le chemin d'une véritable connaissance, partageable comme telle, ou voue-t-il à l'épreuve d'une foi irréductible aux mots où elle s'exprime, d'une foi décidément incommunicable, en dépit de toutes les tentatives de la dire ?

L'inspiration de la raison

Certains philosophes se méfient du langage au point de rêver de pouvoir s'en passer ; ils s'efforcent d'accéder directement à l'essence vraie des choses, sans la médiation, nécessairement imparfaite et trompeuse selon eux, des mots et des images. Spinoza affirme ainsi : « On dit qu'une chose est connue intellectuellement quand elle est perçue par la pensée pure en dehors des paroles et des images [3] », car il soutient que « l'idée ne consiste ni dans l'image de quelque chose ni dans les mots. L'essence des mots, en effet, et des images, est constituée par les seuls mouvements corporels qui n'enveloppent en aucune façon le concept de pensée [4] ». Cet idéal d'une parfaite transparence de l'esprit aux choses implique donc de ne pas s'attarder à « discuter sur les mots [5] » et d'user des propositions les plus sobres pour transmettre le mouvement de la pensée vers la vérité. A ce procès du langage instruit – pour cause de polysémie, d'indétermination et de rhétorique trompeuse par le philosophe – répond donc l'effort pour définir précisément la signification des concepts et pour enchaîner rigoureusement les axiomes les uns aux autres. Parce qu'il estime que seule la raison permet à l'homme d'accéder à la vérité, Spinoza entend la « purifier » de toute ingérence étrangère, telle celle de l'imaginaire, qui toujours la détourne de sa tâche. Il explique que l'extériorité comme telle fait obstacle à la quête de la vérité, l'extériorité des prestiges éphémères de ce monde qui suscite des passions et leur inévitable cortège de servitudes, mais aussi l'extériorité des images et des mots. Ces derniers, en effet, ne sont pas des concepts, encore moins des idées adéquates ; or ils risquent pourtant de séduire et dès lors d'emprisonner l'intelligence de l'homme, de lui interdire l'accès à la vérité, tout en lui faisant croire le contraire.

Les mots, habités par le poids d'une trop grande concrétude et de la singularité d'une vie qui ne se laisse pas oublier, manquent à l'exigence d'abstraction et d'universalité nécessaires à la quête de la sagesse et de la vérité. Ils restent approximatifs et soustraits à l'impératif de la rigueur en toute chose ; les connotations émotionnelles qu'ils éveillent rendent étranger à la sagesse et font écran à la vérité ; le philosophe doit donc se délester de leur charge et ne pas chercher à interroger le monde à travers eux. La radicalité de ces mises en garde contre le langage conduit inévitablement Spinoza à refuser tout compromis avec la parole imagée des prophètes ou des poètes et à lui dénier toute possibilité de dire le vrai. Aucun terrain d'entente n'est dès lors concevable entre le philosophe et le prophète ou le poète, car le premier sait que la vérité se communique à la raison seule, tandis que les seconds se laissent emporter, par l'élan des mots, vers l'empire trouble des illusions. Les exigences des uns ne correspondent pas à celles des autres : alors que les philosophes cultivent l'effort du concept, avec patience et sérénité, les prophètes et les poètes se laissent toucher par le pouvoir envoûtant des images et des mots, ils cèdent à l'enthousiasme ou à l'angoisse, sans savoir pourquoi d'ailleurs.

La vérité se donnerait donc dans la transparence de l'idée adéquate et elle résisterait à l'emprise des mots. Toute personne désireuse de connaître l'essence des choses devrait donc purifier son langage, fermer le Livre qui consigne les extravagances des prophètes et ne consulter que la voix de la raison en lui. Cette voix parlerait le langage des concepts et des idées, elle répugnerait aux images et aux mots.

Les philosophes ne dressent certes pas tous un réquisitoire aussi extrême contre le langage, néanmoins ils se méfient des mots ordinaires et de la charge suggestive, mais non démonstrative, du verbe poétique, car ils ne pensent pas qu'il ait, par lui-même, une force de vérité ou un pouvoir révélant. Ils préfèrent donc le concept au symbole, l'idée adéquate à l'image et la structure logique d'un raisonnement à un mode de réflexion analogique ou métaphorique. Le symbole est « équivoque », affirme Hegel, nul ne sait, « entre *toutes* les significations qu'il peut renfermer, celle qui est véritablement la sienne » ; en outre, en raison de sa concrétude sensible, chacun se demande s'il a affaire au sens « propre » ou au sens « figuré »[6]. Le symbole s'avère inférieur au concept car, s'il fait allusion à l'idée, il le fait de façon mystérieuse et équivoque. Seul le concept lève l'ambiguïté en disant *une* chose précise et univoque. Dans cette perspective, le philosophe estime que les images attestent davantage d'une pensée en souffrance que d'une richesse de réflexion et, s'il lui arrive de recourir à elles – en dépit de sa valorisation du concept –, il ne faut y voir qu'une concession à la faiblesse spéculative des hommes. Ainsi, ce serait parce qu'ils ne réussissent pas à se hisser au niveau des Idées dans leur plénitude que Platon, par exemple, aurait recours au mythe afin de transmettre, malgré tout, une vérité qui excède la capacité humaine de comprendre. De son côté, la pensée analogique ferait figure de parent pauvre face à l'essor de la rationalité et de la connaissance scientifique, qui ne retiennent qu'un aspect des choses afin de mieux comprendre et qui, interrogeant le monde à travers la mesure et la logique du tiers exclu, décrète impensable ou inexistant ce qui leur échappe.

Le regard altier posé par bien des philosophes sur les mots approximatifs du langage ordinaire, le discrédit qu'ils jettent sur les symboles, les images et les métaphores, leur refus de l'analogie et du mythe signifient aussi pour eux que, là où un tel langage prévaut, la possibilité même d'une connaissance de la vérité disparaît. C'est la conclusion de Spinoza après sa lecture de la Bible : ce texte ne parle pas le langage du concept ou de l'idée, il ne transmet donc aucun contenu de vérité. Les prophètes ne sont pas des philosophes, leur langage imagé n'a aucune fonction cognitive : ils enjoignent à pratiquer la justice et la charité, mais ils ne transmettent aucune autre révélation essentielle, aucune vérité philosophique.

La certitude que la vérité s'annonce dans le concept propre au discours logique et solidement argumenté implique que la raison, dans sa recherche de la connaissance vraie des choses, n'a pas à se tenir à l'écoute des mots des poètes ou des prophètes. Ces mots, en effet, risqueraient de la détourner de son but, de la captiver et de la séduire ; elle perdrait ainsi sa liberté. Au cours de l'édification de son œuvre, c'est-à-dire de la mise en rapport logique des concepts entre eux, la raison n'accorde donc aucune attention sérieuse aux Livres qui, par leur verbe, pourraient l'aliéner, l'affoler ou la troubler. Elle ne souffre pas l'ingérence dans sa réflexion d'une parole dont elle ne maîtrise pas le sens et qui, sous prétexte de révélation parfois, prétend interrompre la belle intelligibilité de son discours. La raison n'accorde donc aucune attention sérieuse à l'excès de la parole des poètes ou des prophètes, elle se ferme à elle afin de persévérer dans sa tâche spéculative. Cependant, si, en cherchant « à penser conceptuellement, de façon logique et non symbolique », le philosophe « n'a plus conscience que d'un seul niveau dans les mots [7] », cela ne veut pas dire que les autres possibilités significatives de ces mots disparaissent. A son insu sans doute, elles continuent d'habiter l'esprit du philosophe le plus adonné à l'abstraction et le plus certain de son pouvoir de mieux approcher ainsi l'essence des choses. Il ne suffit pas, en effet, de tenir en respect le langage grâce à la sage réserve des concepts pour que les mots, nés du contact avec les hommes et la terre, issus de la mémoire et de l'imagination – et surtout du désir d'exprimer et de dire, de partager et d'aimer –, cessent de faire vivre la pensée. Si les philosophes en conviennent d'ailleurs, c'est cependant pour décréter que ces mots, malgré leur beauté et leur force, restent étrangers au véritable travail philosophique. Leur méfiance envers tout ce qui est réfractaire à la conceptualisation, leur souci de modérer l'élan des verbes extravagants et de maîtriser l'errance des mots trop vagabonds s'opposent à l'écoute attentive de leur pouvoir significatif ou, simplement, en récusent la portée philosophique. Mais cela ne certifie aucunement que le philosophe n'obéisse pas lui-même à des intuitions approximatives ou à des schèmes de pensée importés d'une mémoire qu'il ignore, cela ne le protège pas contre les intrusions de l'imagination et contre la démesure du désir. Il ne suffit pas de se défendre contre la récurrence énigmatique de l'altérité pour que celle-ci cède et se soumette. Il ne suffit pas de prétendre à un verbe universel, grâce à l'abstraction, pour que la singularité des vies, leur chair et leur sensibilité, n'existe plus.

La raison pourtant se ferme à tout cela comme à une altérité dangereuse, elle prohibe l'entrée du verbe poétique ou prophétique sur son territoire, de ce verbe inspiré par la permanence de l'énigme et de la singularité de tout ce qui est, sauf bien sûr s'il accepte de se conformer sagement à ce qu'elle peut en dire. Comme si la logique de la vérité, dont elle se prétend détentrice exclusive, devait de toute évidence s'opposer à celle du sens qu'elle consent, éventuellement, à prêter à ce verbe. Mais il n'est certain ni que la prose rationnelle des philosophes doive nécessairement s'opposer au verbe des poètes et des prophètes, ni qu'elle dise mieux ce qu'elle a à dire en oubliant la sensibilité et l'émotion propres aux mots non encore purifiés par la raison. Or, s'il est vrai que la poésie « veut rendre à la vérité générale – à un mot reformé, guéri, à la fois concept et symbole – la part du mot d'à présent qui est blessée, étouffée, mais dont elle garde mémoire [8] » –, il semble que ce soit aussi l'objet, certes non formulé comme tel, des textes prophétiques. Il faut donc se demander si on est en droit d'espérer que le philosophe les accueille.

La raison cherche à thématiser et à rendre clairement intelligible tout ce qu'elle approche, elle n'aime donc pas l'inquiétude suscitée par la démesure des textes qui semblent devoir échapper à ce projet. Comme en a souverainement décidé Spinoza, et comme nombre de philosophes le répètent après lui – au titre de proposition dont le bien-fondé s'impose désormais à tout homme raisonnable comme une évidence qui ne souffre plus le questionnement –, elle décrète qu'aucune vérité spéculative ne les habite. Pourtant, sans renoncer à l'amour de la sagesse et sans oublier le concept, le philosophe ne peut-il pas trouver, précisément dans la lecture de ces textes, une autre modalité d'approche de la vérité ?

Les prophètes ne cherchent pas à se prononcer sur l'essence de Dieu, du monde et des hommes, car ils ne parlent pas le langage de l'ontologie ; ils disent simplement, dans leur verbe imagé et symbolique, ardent et impatient, qu'il existe un lien vivant entre Dieu, le monde et l'homme, un lien qui, ouvrant un horizon d'obligations pour ce dernier, donne aussi sens à sa présence, maintenant, sur la terre. Or ce lien, ajoutent-ils, reste fragile et menacé par la nuit que certains font durablement peser sur lui, une nuit qui s'attarde en effet tant que les cœurs soucieux de passer outre à cet horizon d'obligations – afin sans doute de mieux s'affirmer dans l'être – ne veulent pas s'aventurer au-delà d'eux-mêmes et de leurs certitudes. Mais ne s'agit-il là, comme l'affirme Spinoza, que d'un enseignement moral – il faudrait faire mémoire à l'homme de ses devoirs de charité et de justice envers son prochain et le contraindre à les suivre par des promesses ou des menaces –, nécessaire à ceux qui ne savent pas écouter la voix de la raison en eux ? Ou bien, peut-on penser qu'un philosophe, sans pour autant consentir à se distraire de sa fidélité à la raison et de son interrogation sur l'essence des choses, sans non plus se laisser aller à croire à des récompenses ou à des châtiments improbables, apprenne quelque chose sur la vérité de Dieu, du monde et de l'homme en lisant les prophètes ?

Ceux-ci n'énoncent donc pas de propositions spéculatives sur la nature de Dieu, il parlent de Celui qui, depuis un très lointain jadis, appelle l'homme et espère sa réponse. Une réponse qui, comme ils l'enseignent, passe par une attention de chaque instant envers tout ce qui vit, c'est-à-dire envers la création confiée à la garde de l'homme pour qu'il y fasse germer les fruits de l'espérance que ce Dieu met en elle. Cette attention ne s'exprime pas par des principes et des propositions spéculatives, elle se traduit par des comportements précis, sensibles et quotidiens de justice et de charité, de crainte et d'amour. Elle place ainsi la vie humaine sous le sceau d'une exigence première et irrécusable : la sainteté. Ce qui ne signifie pas une conduite irréprochable offerte en exemple à la faiblesse des hommes, mais une mise en demeure, à éprouver chaque jour davantage, de répondre, en pensée, en parole et en acte à un appel au Bien qui bouleverse pourtant l'intéressement à être.

Le philosophe peut-il dès lors admettre, sans trahir sa propre exigence de compréhension raisonnée des choses, que cet appel lui apprenne quelque chose dans l'ordre de la *vérité* et de l'*essence*, et non seulement dans celui de la morale ? Ou doit-il, une fois de plus, laisser le dernier mot à Spinoza et prôner une stricte séparation entre la philosophie et son autre – en l'occurrence entre la philosophie et les Ecritures qualifiées de saintes –, en affirmant, preuves à l'appui, que seul le travail de la raison permet de se prononcer sur la vérité puisqu'il détient le privilège exclusif de dire ce qui est ?

La Torah et les textes prophétiques ne partent évidemment pas des mêmes prémisses, ils ignorent la question de l'essence ou, plus exactement, ils la subordonnent à cet appel à la sainteté, comme si l'interrogation – *Ma zé* ? « qu'est-ce que ceci ? » – ne prenait tout son sens qu'à condition de savoir qu'elle renvoie elle-même à une question plus ancienne et plus décisive – *Mi qoré* ? « qui appelle ? ». En effet, ces textes ne méprisent pas l'interrogation sur l'essence de Dieu, de l'homme ou du monde, ils n'exigent pas non plus une obéissance sans pensée, comme le soutient Spinoza, mais ils disent que nul n'a chance de trouver une réponse pertinente à la question de l'essence s'il la situe au commencement et au principe de toute réflexion, en oubliant qu'elle est elle-même toujours déjà inquiétée par une autre question, celle de la sainteté. Ce faisant, ils ne décrètent pas vaine la recherche sur la vérité, ils indiquent une voie vers elle – une voie qui dérange l'ordre philosophique traditionnel selon lequel la question ontologique constitue la première question –, la seule qui fasse germer en l'homme le désir de sagesse. Comme s'il fallait d'abord réfléchir à la vérité de ce qui est, ou encore commencer par le travail de la raison théorique, afin de savoir ensuite ce que requiert, par exemple, la vie morale et politique. Or la Torah et les textes prophétiques proposent un ordre différent puisque, selon eux, c'est l'appel à la sainteté et les questions qu'il éveille en celui qui l'entend qui font naître, dans l'inachèvement de toute vie, l'amour de la sagesse, c'est-à-dire qui constitue la philosophie première. Cet appel ne se formule pas dans une proposition conceptuelle qui énoncerait en toute clarté et en toute distinction l'essence de ce qui est, mais dans un verbe qui ne cesse d'inquiéter le bien-fondé des certitudes, en particulier celle que les philosophes considèrent comme un trésor à la valeur inestimable et incomparable : la certitude que la vérité commence avec la raison ou que l'intelligibilité comme Logos impersonnel, abstrait et universel constitue l'unique mesure rigoureuse et adéquate de son sens. Rien ni personne n'aurait alors de titre légitime pour interrompre le discours de la philosophie.

Pourtant, les textes prophétiques ne le prétendent-ils pas ? Certes, ils ne se posent pas en ennemi de la raison, mais ils disent qu'elle erre, malgré ses assurances, en se fermant à l'altérité de ce qui la précède car, selon eux, seul l'appel de l'invisible garde l'esprit en éveil. Ce qui fait respirer une pensée en effet, quand, autour de soi, les doctrines et les dogmes – souvent confondus avec la spiritualité, les idéologies et même l'excellence achevée des systèmes philosophiques – risquent d'en tarir la soif et d'en ravager le désir, réside dans l'altérité de ce qui lui échappe. Bien des philosophes le savent évidemment, mais cela aiguise surtout leur volonté de maîtrise par la rationalité, car ils n'admettent pas cette défaite. Selon eux, la pensée réussit quand elle surmonte, idéellement, la résistance de l'altérité ou les contradictions de la réflexion, quand elle vainc l'énigme et détermine l'essence de ce qui est. La parole prophétique diffère : l'altérité, dit-elle, n'est pas à vaincre mais à écouter ; les contradictions ne sont pas à abolir grâce au caractère définitif d'une argumentation, mais à accueillir comme ce qui ne cesse de questionner le hâtif sentiment d'être dans son droit et d'« avoir raison ». Elle dit ainsi qu'un psychisme inspiré par l'altérité cesse de rêver de souveraineté, fût-ce dans la belle et rigoureuse ordonnance de ses propositions spéculatives. Cela ne signifie pas que ce psychisme s'adonne au délire, à un verbe privé de toute signification raisonnablement partageable avec autrui, ou encore à une parole qui, malgré son éventuelle beauté poétique, resterait sans portée de vérité. Contrairement aux assertions de Spinoza, qui voit en elle un pur produit d'une imagination démesurée et illusoire dans lequel la raison n'a aucune place, la prophétie se donne comme un acte de connaissance.

Cette connaissance ne prend pas corps dans un système de concepts, mais dans un discours où le verbe reste essoufflé et inachevé, toujours empressé et à contretemps aussi avec l'instant qui passe. Or, comme « la philosophie occidentale n'a jamais douté de la structure gnoséologique – et par conséquent ontologique – de la signification [9] », elle n'admet pas que ce verbe soit source de connaissance et encore moins, bien sûr, que l'ontologie soit subordonnée à lui. L'idée que, dans l'ordre de la signification, la prophétie surpasse la spéculation lui semble totalement inacceptable et absurde, elle ne mérite même aucune discussion.

Faut-il donc choisir entre la fidélité aux exigences raisonnées du discours et la parole des prophètes ? Ou peut-on, sans contradiction, malgré le risque d'anathème, chercher à introduire une pensée inspirée au cœur de la philosophie ?

L'appel du prophète

Les prophètes privilégient l'image et ignorent le concept, ils ne se proposent ni d'initier le peuple à la spéculation ni de thématiser la transcendance car, pour eux, aucune parole *sur* Dieu n'a de sens, seule compte celle qui répond à Son appel. Or si Dieu interdit à la réflexion des hommes de se confondre avec l'exacte mesure du sens des choses, *a fortiori* ne leur laisse-t-il pas le loisir de croire qu'ils parlent adéquatement de la transcendance lorsqu'ils élaborent un raisonnement argumenté et sans faille. Le Dieu qui s'adresse aux hommes dans la Bible ne trouve en effet pas sa place dans le discours du philosophe, Il lui échappe sans cesse et « se révèle dans l'interruption du parler cohérent [10] ». « Car vos pensées ne sont pas mes pensées, ni vos voies ne sont mes voies, dit l'Eternel » (*Is.* 55.8), mettant ainsi en garde l'homme contre l'assurance qu'il sait quelque chose sur le divin. Mais cela signifie-t-il renoncement à penser et soumission à l'irrationalité d'une foi ? Le discours sensé doit-il, pour mériter l'attention du philosophe, se définir et se former à partir de la syntaxe, de la logique et de la conceptualité héritées des Grecs ? Ou bien peut-on admettre que, malgré leur rejet loin des lieux où les hommes se transmettent ce qui mérite selon eux le nom de savoir, les textes inspirés des prophètes puissent entretenir d'une sagesse irréductible à une foi ou à un pur discours apologétique ? Peut-on dire qu'ils donnent de *penser* comment la transcendance se fait entendre à l'instant où elle interrompt le discours logique et raisonnable toujours enclin à identifier sens et connaissance, vérité et système ? A moins, bien sûr, que les hommes ne renoncent au sens et à la vérité sous prétexte que doute et soupçon ont ébranlé décisivement les certitudes des siècles passés et que le nihilisme a mis son emprise sur maints grands esprits.

La prophétie d'Isaïe commence ainsi : « Israël ne connaît (*iada*) rien, mon peuple n'a pas de discernement (*hitbonen*) » (I.3) ; elle insiste sur les conséquences désastreuses de cette ignorance : « C'est pour cela que mon peuple ira en exil, faute de connaissance (*mi bli daat*) » (5.13), et elle enseigne que la sagesse humaine court le risque de perversion : « Malheur à ceux qui appellent le mal bien et le bien mal. (...) Malheur à ceux qui sont sages à leurs propres yeux et intelligents selon leurs opinions » (5. 20-21). Ceux-là, dit Isaïe, méprisent « la parole du Saint d'Israël » (5.24), ils ne daignent pas l'écouter ou font semblant de s'en réclamer pour mieux s'assurer de leur position dans le monde, mais ils disparaîtront sans laisser de traces, sauf celles de la désolation. La sagesse à mesure purement humaine échoue donc, selon ce prophète, à sauver les hommes de l'orgueil et de l'arrogance, de la présomption et du dédain, elle se brise finalement sur les récifs d'un malheur privé de toute espérance. A cette sagesse il oppose alors la vision de ceux qui, répondant à l'appel de l'Eternel, ne connaissent ni fatigue ni faiblesse, malgré l'ajournement du bonheur, de ceux qui vont jour après jour, sans se lasser en dépit de la longueur du temps, vers un lendemain où, enfin, « les esprits égarés connaîtront (*véiadou*) la sagesse (*bina*) et les révoltés accepteront l'instruction (*ilemdou léquah*) » (29.24). Pourtant, Isaïe ne s'adresse pas nécessairement à des gens frustres et privés de tout sens de la réflexion, rien n'assure que la dégradation morale et spirituelle qu'il dénonce corresponde à une absence de savoir. Ces hommes ont su construire la ville de Jérusalem ; ils connaissent l'art de la culture de la terre ; ils pratiquent le commerce et ils ont appris « l'art des combats » (2.4) ; ils comptent parmi eux « juges et prophètes, devins et anciens, chefs militaires et gens considérés, conseillers ainsi qu'artisans experts et habiles enchanteurs » (3.2-3) ; certains sont « scribes » (10.1), d'autres musiciens, peintres ou sculpteurs. Ils n'ignorent pas la distinction du bien et du mal, de la lumière et des ténèbres, de la douceur et de l'amertume, même si c'est pour la pervertir (5.20). Enfin, la parole de l'Eternel leur a été transmise à eux aussi, mais ils n'y ont vu « que loi sur loi, précepte sur précepte, règle sur règle, ordre sur ordre, une vétille par-ci, une vétille par-là » (28.13). Leur assurance de pouvoir « rendre des ordonnances iniques » (10.1) et de frustrer « de leur droit les pauvres » (10.2) n'implique donc pas ignorance ou absence de toute intelligence. Malgré tout, dit Isaïe, ils ne connaissent rien, ils manquent de discernement. Que signifie donc cette connaissance et ce discernement s'il est vrai que savoir et intelligence n'en sont pas des synonymes ? Pourquoi le discours prophétique serait-il plus apte qu'un autre – en dépit de son absence de rigueur et de son goût peu raisonnable pour les métaphores et les images, les imprécations mais aussi les consolations – à en donner l'idée ?

Ce discours ne se prononce jamais en première personne, le prophète se livre à la voix divine qui l'habite, il lui répond, il en répond en la transmettant. Il est en quelque sorte privé de son vouloir propre et de son éventuel désir de maîtriser l'ordonnance de ses propos. Il ne prend pas la parole, il la reçoit et, dès lors, précisément parce qu'il ne s'en saisit pas, il peut la faire entendre à d'autres. Il n'a d'ailleurs pas la liberté de refuser, et il se voit voué à vivre au rythme même de cette parole qui l'inspire. Mais comment admettre, objectera-t-on, que l'inspiration soit précisément la source de la connaissance et du discernement qui, selon Isaïe, font cruellement défaut aux hommes ?

L'INSPIRATION DU PHILOSOPHE

L'idée d'inspiration implique une réflexion sur le souffle. La respiration en effet constitue l'échange primordial entre le dehors et le dedans. Seul ce qui vit respire. Seul ce qui vit inspire et expire. Une pensée vivante devrait donc être soumise à cette loi élémentaire. Mais l'humain ne se contente pas, comme l'animal, de la belle régularité de cet échange, il s'éveille à la vie d'un souffle plus long, celui de l'esprit. Certes, en respirant, le vivant affirme d'abord son être, le rythme de sa respiration atteste de sa bonne santé. Respirer « à pleins poumons » dans l'éminent contentement de vivre, c'est accueillir en soi ce qui s'offre gracieusement, pour vivre encore, pour vivre davantage. Priver l'homme d'oxygène, lui interdire les bois et les forêts avant de franchir les seuils de l'horreur et de la destruction, c'est déjà commencer à le tuer [11]. Mais l'esprit en l'homme ne respire pas seulement au rythme de cette scansion vitale de l'échange entre l'intérieur et l'extérieur, il peut accueillir en lui un souffle étranger qui l'éveille à ses propres possibilités de créer et de donner. Prophète ou poète, il laisse ce souffle venir en lui, il lui offre l'asile de son psychisme, et il se prépare à cette réception en faisant taire en lui toute prétention de maîtrise, en se tenant prêt pour l'hôte inconnu qui frappe à sa porte et déjà se dispose à partir sans forcer l'entrée. Cependant il ne peut pas non plus retenir cet hôte captif, sous peine de leur double asphyxie, il doit dire ce qu'il entend, exprimer la part que lui seul a reçue. Or, parce qu'elle a pris le visage de son interrogation la plus propre et la plus secrète, sans qu'il prétende pour autant en détenir le sens ultime, cette part devient vivante pour d'autres que lui.

Le prophétisme biblique témoigne d'une inspiration par l'Autre pour l'autre, d'une inspiration par Dieu pour les hommes, il constitue « le psychisme même de l'âme [12] ». Pourtant nul ne devient prophète de son plein gré, Jérémie tente de se récuser en invoquant son enfance (1.6), Jonas s'enfuit sur la mer plutôt que d'affronter les gens de Ninive (1.3), Ezéchiel, saisi par « les tresses de sa tête », est emporté par un souffle entre terre et ciel (8.3). Mais cette inspiration ne leur laisse aucun répit, et ils doivent tous finalement lui répondre. Cette rencontre entre l'homme et le souffle ou l'esprit (*ruah*) de Dieu, qui le saisit et lui interdit toute tranquille persévérance dans l'être, n'a rien d'extraordinaire pour la mentalité hébraïque. La blessure infligée à la suffisance humaine, la rupture avec les fermes évidences du bon sens et des calculs lucides, constituent pour elle la plus haute espérance. Car par cette blessure, et par elle seulement, s'ouvre à l'homme le chemin vers une signification qui transcende les raisons que, par son pouvoir réflexif, il cherche à conférer aux choses.

La présence du *ruah* maintient les êtres en vie : « Tu leur retires le souffle (*ruah*), ils expirent et retombent dans la poussière. Tu renvoies ton souffle (*ruah*), ils renaissent, et tu renouvelles la face de la terre », dit le psalmiste (*Ps.* 104.29-30). Mais se contente-t-il ainsi de faire mémoire à l'homme de ce que nul vivant ne tient son être de soi ? Cette leçon millénaire, où échoue la superbe de tout désir humain inféodé à la puissance, épuise-t-elle le sens de ces versets ? Soutenir en effet qu'un psychisme humain ne vit qu'à condition de rester animé par la présence en lui d'un souffle dont il ne détient pas le secret, d'un souffle qui le traverse sans qu'il puisse le posséder, l'arrêter ou encore le maîtriser, sous peine de périr, n'enseigne-t-il pas aussi que seules les pensées qui se tiennent en proximité de ce souffle font vivre et donnent de vivre ? Comme si une pensée libérée des prestiges si souvent renaissants de la mort n'était pas celle dont l'homme dispose mais celle qui dispose de lui. La vie du psychisme dépendrait de l'inspiration ; des pensées vivantes ne naîtraient que d'un psychisme affecté par l'Autre, ouvert sur ce qui, au cœur de lui-même, le dépasse. A vouloir se priver de cette présence en soi d'un souffle étranger, à ne pas désirer l'écouter ou à ne plus le pouvoir – pour avoir trop rêvé à la transparence de soi à soi, ou encore au refus passionné de toute allégeance –, la pensée meurt. Au regard du prophétisme en effet, le psychisme humain ne vit véritablement qu'à condition d'accepter que l'impossible coïncidence de soi à soi n'annonce pas à l'homme la désolation d'une finitude qu'il faudrait s'acharner vainement à oublier ou encore à combler par des certitudes, mais bien une grâce, celle de la présence de l'autre en soi.

La connaissance et le discernement dont manquent, selon Isaïe, ceux qui, malgré leur intelligence et leur savoir, vont à leur perte ne résident-t-ils pas précisément là ? Dans cette impossibilité d'admettre, avec louange, que l'altérité dont vit le psychisme constitue la plus haute bénédiction ? Mais, comme cette connaissance implique le renoncement à la maîtrise et la dépossession de soi, bien des hommes s'y refusent. Ils préfèrent s'en remettre à leurs propres forces intellectuelles pour comprendre le monde et se comprendre en lui. Or, selon Isaïe, c'est ainsi qu'ils courent à leur perte ; en croyant se sauver de cette altérité, tout en faisant semblant souvent de lui vouer un culte, ils finissent par ne plus discerner le bien et le mal, la lumière et les ténèbres, la douceur et l'amertume. Le prophète ne refuse pas la connaissance, il s'insurge contre celle qui, trop vite transformée en savoir et en instrument de domination, reste indifférente aux interrogations de l'esprit, dispense de penser, et passe à côté de la détresse sans soupçonner qu'elle la met en question. Une telle connaissance ne touche pas en effet en l'homme la source vive de son être ; elle éclaire sans doute quelques-uns des mystères de ce monde, mais elle reste abstraite et anonyme, elle ne prend ni nom ni visage, car elle ne suppose pas que l'homme en soit en quelque façon bouleversé, au contraire elle voit là un obstacle à l'impartialité du savoir.

Lorsque J. Halevi puis Pascal opposent le Dieu des philosophes au Dieu d'Abraham, d'Isaac et de Jacob, il semble qu'ils retrouvent cette antique intuition. J. Halevi explique ainsi que « le prophète possède un regard plus pénétrant que le raisonnement [13] », il assure que, sans la présence en soi de la « qualité prophétique » (*inian haElohi*), nul ne peut espérer atteindre la vérité, malgré l'intensité de sa quête et le prestige attaché à son savoir. Selon lui, cette qualité, ou cette capacité de recevoir en soi le souffle de l'altérité divine, fut l'apanage de quelques hommes seulement après la création d'Adam, mais chacun peut en principe l'acquérir en vertu de cette filiation adamique. Le Juif, quant à lui, la possède nécessairement en puissance depuis le mont Sinaï, même s'il lui arrive, comme à un autre, de la laisser s'endormir en lui, de l'oublier, voire de la mépriser en se crispant sur lui-même et sur ses certitudes. De son côté, Pascal oppose le cœur à la raison, « le cœur a ses raisons, que la raison ne connaît point », « c'est le cœur qui sent Dieu, et non la raison. Voilà ce que c'est que la foi : Dieu sensible au cœur, non à la raison ». Et il insiste sur la nécessité « d'humilier cette superbe puissance du raisonnement, qui prétend devoir être juge des choses que la volonté choisit », c'est pour cela, dit-il, que Dieu a voulu que les vérités divines « entrent du cœur dans l'esprit, et non de l'esprit dans le cœur [14] ». L'esprit de géométrie, méthodique et parfait, ne permet pas, malgré ses réussites dans le domaine de la philosophie et des sciences, d'atteindre les principes et de les expliquer, il se contente de les supposer ; *a fortiori* laisse-t-il démuni quand il s'agit de chercher Dieu. C'est pourquoi, écrit Pascal, « les saints disent en parlant des choses divines qu'il faut les aimer pour les connaître, et qu'on n'entre dans la vérité que par la charité, dont ils ont fait une de leurs plus utiles sentences [15] ».

La réflexion sur ce que J. Halevi nomme « qualité prophétique » (*inian haElohi*) et Pascal « ordre du cœur » ou de la charité doit-elle cependant se conclure par le constat d'une insurmontable opposition entre la raison et la foi ou entre la philosophie et la prophétie ? S'il est vrai que la qualité prophétique ou le cœur permettent, selon l'un et l'autre penseur, une vie en proximité de Dieu, une vie orientée par une Parole incommensurable aux concepts, cela signifie-t-il qu'une telle vie contrarie, fondamentalement, l'exercice de la raison ? Ou bien, peut-on admettre que la prophétie, malgré son absence d'arguments théoriques pour attester du bien-fondé de son dire – et en dépit de l'invraisemblance de son discours souvent passionné et outrancier –, donne à réfléchir sur une possibilité d'exercer sa raison qui ne fasse pas fi de ce que Pascal appelle la charité ?

Si la prophétie dépasse la spéculation, selon J. Halevi, cela ne signifie évidemment pas que le prophète sait davantage de choses que le philosophe ou le savant, mais que ce qu'il dit ou imagine provient d'une source méconnue par le savoir purement conceptuel. En outre, l'écoute de la prophétie n'implique ni mépris ni humiliation de la raison de la part de J. Halevi ou de Pascal, mais seulement le constat de la faillite des discours humains qui prétendent dire ou thématiser la transcendance. Or cette faillite ne se remarque pas dans le discours lui-même, elle n'est pas d'ordre logique, et chacun peut admirer la beauté et la sobriété d'un raisonnement qui réussit à lier logiquement entre elles des propositions dont chaque terme est dûment défini. Cette faillite vient du fait que, malgré ce succès éventuel, en dépit donc de la cohérence du raisonnement, la transcendance échappe aux mots de l'homme, dussent-ils avoir la rigueur et la fermeté d'une démonstration susceptible d'emporter la conviction.

Or, selon J. Halevi en tout cas, la parole des prophètes, malgré son intensité imaginative rebelle à la pure conceptualisation, donnerait une meilleure idée de cette transcendance, précisément parce qu'elle ne viserait pas à la maîtriser ou à la thématiser, mais se contenterait de la laisser passer dans les mots humains. La fièvre et la passion du verbe prophétique ne constitueraient pas une offense au bon sens et à la sagesse, elles plaideraient la cause de ce qui excède la puissance du concept. Dans cette perspective, le travail du philosophe ne consisterait pas à relever le défi posé par ce discours en l'épurant de ses scories imaginatives pour n'en retenir que la sève raisonnable. Ce geste rendant d'ailleurs inutile la poursuite de la lecture des prophètes, sauf pour apprécier éventuellement la beauté poétique de leur verbe, puisque son contenu de pensée, le seul digne d'attention, serait intégralement passé dans le discours du philosophe. La lecture continue des prophètes vouerait donc plutôt celui qui fait profession d'amour de la sagesse à une interrogation incessante de ses propres prétentions conceptuelles. Ce verbe étranger aux concepts serait en effet indispensable au philosophe afin qu'il perçoive la faille de son propre discours. Non parce que le prophète dirait mieux que lui l'essence des choses, mais parce qu'il lui ferait mémoire de ce qu'il risque sans cesse d'oublier sous prétexte de rationalité et de savoir : l'ouverture sur une antériorité fondatrice du sens des mots et des concepts, ou sur « l'avant-propos des langues [16] », qui oriente les significations qu'un homme pense pouvoir conférer aux choses.

Par sa capacité à accueillir en lui l'esprit de Dieu, fût-ce à son corps défendant et dût-il en avoir « le souffle coupé » – dût-il rester incapable de se ressaisir lui-même dans un mouvement de réflexivité tant la force de ce souffle le bouleverse et l'inquiète –, le prophète annonce un autre mode de penser – et non seulement d'imaginer – que la sagesse des philosophes ne peut entendre qu'à condition d'accepter un certain délogement.

Mais peut-on dire ce délogement, cette mise en question de la réflexivité et cet exil loin des certitudes ontologiques, sans miner la philosophie ?

Dédire le Dit

La faillite des discours se proposant de thématiser la transcendance conduit parfois à soutenir qu'il convient de renoncer à toute positivité pour parler de la transcendance. Depuis le pseudo-Denys l'Aéropagite, par une attitude spirituelle d'ascèse du langage, la théologie négative a ouvert une voie où le renoncement au savoir, le dépouillement et l'entrée dans l'inconnaissance permettent seuls d'approcher la « Ténèbre qui est au-delà de l'intelligible », « cette Ténèbre suressentielle que dissimule toute lumière contenue dans les êtres ». L'effort philosophique pour chasser du langage l'ombre portée par les affects et l'imagination ne suffit plus, au seuil ultime il faut en effet cesser de parler et même de penser. « Maintenant que nous remontons de l'inférieur au transcendant, à mesure même que nous approchons du sommet, le volume de nos paroles se rétrécira ; au terme dernier de l'ascension nous serons totalement muets et pleinement unis à l'Ineffable [17]. » Cette tradition négative n'est pas restée sans écho chez les théologiens qui, paradoxalement, semble-t-il, se réclamaient pourtant d'une Révélation, c'est-à-dire d'une Parole censée mettre en relation avec quelqu'un ou quelque chose et non seulement avec l'impersonnalité d'un principe. Angelus Silesius écrit, par exemple : « Dieu est un pur néant. Aucun ici, aucun aujourd'hui ne l'effleure. Plus tu veux Le saisir, plus Il devient non-Etre pour toi. » « Ce que Dieu est, nul ne le sait. Il n'est ni lumière, ni esprit. Ni béatitude, ni unité, ni ce qu'on nomme déité. Ni sagesse, ni intelligence, ni amour, ni vouloir, ni bonté. Ni chose, ni d'ailleurs non-chose, ni essence, ni affect.

Il est ce que ni moi, ni toi, ni nul être ne peut éprouver tant que nous ne sommes pas devenus ce qu'Il est [18]. » « Dans la même optique, le détachement – que Maître Eckhart loue davantage que la miséricorde envers le prochain, car elle laisse le cœur troublé – culmine dans le silence. » Il est « si proche du néant », dit Maître Eckhart, que rien n'est assez subtil pour y trouver place sinon « Dieu seul [19] ». Or celui qui demeure dans un total détachement est mort à ce monde, il ne cherche donc plus à parler de Dieu, à élaborer une théologie, car il sait la vanité de cette tentative spéculative : il s'abandonne à Lui, silencieusement, passivement, en cessant de vouloir comprendre et savoir.

La tradition juive ne demeure pas indifférente à cet austère courant de pensée. Ainsi, Maimonide assure que les hommes se trompent en donnant à Dieu des attributs imaginaires, c'est-à-dire en parlant de Lui sur une base anthropomorphique. La doctrine de la théologie négative exprime l'effort de l'intelligence pour s'approcher de Dieu dans le discours, en rectifiant chacun de ses Dits, en corrigeant chacune de ses propositions trop vite affirmatives. Selon ce philosophe, c'est le principe d'incomparabilité qui soutient la nécessité de dédire ce qui est dit. L'énoncé – Dieu est un – doit aussitôt être corrigé – car « son unité n'est comparable à aucune des unités qui existent dans l'Univers [20] » ; l'énoncé – Dieu existe – doit être précisé – non par l'existence, etc. « Les attributs négatifs sont ceux dont il faut se servir pour guider vers ce qu'on doit croire à l'égard de Dieu ; car ils amènent l'esprit au terme de ce qu'il est possible à l'homme de saisir de Lui [21]. » Maimonide pense que les termes bibliques relatifs à Dieu constituent de simples métaphores pour élever l'esprit vers une connaissance approximative. Mais cela ne signifie pas que les concepts du philosophe soient davantage adéquats, car nul ne peut prétendre définir la transcendance sans la nier aussitôt. Les meilleurs prédicats ne Lui conviennent pas puisqu'ils naissent tous de la finitude humaine, du besoin et de la division. Ils peuvent d'ailleurs induire davantage en erreur que les images bibliques qui, en raison même de leur évidente teneur anthromorphique, trompent moins que le langage du philosophe, langage subtil et délesté du poids du sensible. Maimonide recule cependant devant la radicalité de Damascius [22], qui soutenait que même les prédicats négatifs doivent être dédits, car eux aussi manquent l'Ineffable. A son égard, disait-il, tout discours se détruit. Au-delà de tout Dit, mais aussi de toute négation de ce Dit, il faudrait en effet Le déclarer tout à fait ineffable et se taire absolument. L'Un en serait le symbole le plus saint mais, en tout état de cause, il ne ferait jamais que Le suggérer. Maimonide, et tous les penseurs qui acceptent l'idée de Révélation [23], ne peuvent cependant consentir à ce radicalisme puisque la Révélation ouvre pour eux un accès à la transcendance. Elle ne dispense certes pas de chercher Dieu par ses propres forces, intellectuelles et sensibles, mais elle signifie aussi que cet effort doit sans cesse être questionné. Car, sauf pour celui qui succombe à la tentation de l'idolâtrie, le Dieu d'Abraham, d'Isaac et de Jacob, le Dieu qui parle en cette Révélation, échappe aux concepts du philosophe comme à toute autre tentative de s'en saisir ou de L'appréhender. Il met en échec la volonté de puissance et de maîtrise, mais cet échec, en obligeant à dédire ce qui est dit, atteste paradoxalement de la Révélation. Il ouvre vers une signifiance qui, avant tout Dit, oriente la pensée.

Le théologien désire substituer *un* discours raisonné et argumenté, clair et systématique, aux paroles multiples, voire contradictoires, des interprètes du texte biblique. Cette proposition, rendue possible par la rencontre du mode hébraïque de pensée avec la philosophie, « engage le donné scripturaire dans un univers étranger à son horizon familier ». « Le Dieu de l'exégète est toujours " mon Dieu ". La théologie devenue savoir dit simplement Dieu [24] ». Là où l'exégète, juif par exemple, invoque le Dieu de ses pères, le second propose une spéculation sur le nom ou sur l'essence de Dieu. S'il met lui aussi en jeu les capacités intellectuelles de son auteur, le commentaire des versets bibliques, traditionnellement en tout cas, relève de l'excellence d'un acte de prière, alors que la théologie, sans méconnaître la prière, se donne comme objectif l'éminence du savoir. La tâche du théologien « est d'unifier le multiple des vérités dispersées, selon différents degrés de tension, dans la Bible, dans la tradition, dans les symboles du Credo. Il devra donc synthétiser toutes les déterminations du révélé, en composer l'essence formulable, selon les connexions ontologiques qui assurent l'enchaînement de toutes ses parties ». Sans refuser le discours et prôner le silence comme dans la tradition négative, le commentateur, ou l'exégète, préfère s'en tenir au multiple, à la dispersion, à la tension, fuir les synthèses et les enchaînements, car pour lui tout cela reste prématuré et, sous couvert de connaissance de Dieu, risque de faire succomber à l'idolâtrie.

Mais cela signifie-t-il alors le dédain de l'effort autonome du philosophe et du théologien ? Leurs énoncés n'ont-ils aucune valeur épistémique ou significative ? Doit-on en revenir à l'antique opposition de la foi et de la théologie ? Le philosophe attentif au souffle des prophètes, à leur verbe intransigeant et excessif, ne peut évidemment s'y résigner sans renoncer aussitôt à l'idéal de compréhension raisonnée qui l'anime. Pourtant, comme ce souffle et ce verbe ne se laissent pas assagir ainsi, la tentation de céder à cette opposition comme au destin ultime de la pensée semble irréductible. Certains cependant la récusent et, défiant critiques et anathèmes, négligeant aussi la valeur traditionnelle des systèmes ou des traités, cherchent à frayer une voie vers une parole philosophique à la fois soucieuse de rigueur dans l'avancée du raisonnement et d'accueil de la multiplicité propre aux commentaires des textes bibliques. L'écriture philosophique de Levinas, une écriture animée par le désir de la clarté conceptuelle – le Dit – et par la nécessité impérieuse de la corriger, ou de la dédire, parce qu'elle risque de faire oublier le Dire qui la précède, répond à cette double inquiétude. Les corrections auxquelles elle procède ne relèvent pas du respect logique de la non-contradiction entre les propositions d'un raisonnement, elles s'imposent à cause de l'impossible adéquation entre le Dire et le Dit, ou, pour l'exprimer en termes théologiques, entre le verbe de Dieu et celui de l'homme. La pensée de Levinas progresse ainsi sans avoir le loisir de s'installer dans des sentences définitives et sans se donner la facilité de s'en tenir à des exclusivités. Fidèle en cela à « la structure de la pensée talmudique où une thèse valable ne s'efface jamais, mais reste comme l'un des pôles d'une pensée qui circule entre lui et le pôle opposé [25] », elle sursoit sans cesse au définitif et ne concède pas qu'il soit nécessaire de lever l'équivocité des mots poétiques ou prophétiques, ni qu'il faille nécessairement choisir entre un Dit et son contraire puisqu'ils ne sont ni l'un ni l'autre à la hauteur du Dire. La réfutation du scepticisme ne suffit d'ailleurs pas pour s'approcher de son intelligibilité, elle excède toute thématisation, toute résolution des contradictions et toute synthèse. « La force poétique de la métaphore est souvent la trace de cette alternative refusée et de cette blessure dans le langage [26]. » Une blessure à laquelle le philosophe devrait s'exposer comme à une *bénédiction* car, alors que la cohérence absolue masque la transcendance et occulte le Dire au moment même où elle prétend à la plus grande clarté et à la récupération des interruptions du raisonnement, cette blessure rend plus proche de l'un et de l'autre. Telle la trace irrécusable de l'altérité dans la belle ordonnance du discours, cette blessure ou cette déchirure dans la texture logique du langage philosophique oriente ou réoriente en effet vers une transcendance qui, irréductible aux mots humains, les inspire néanmoins en les exhaussant vers le Dire.

Si Dieu n'est pas thématisable dans la pensée, si aucun Dit ne Lui est adéquat, Il ne reste pourtant pas indifférent à une réflexion qui ne vise pas la thématisation, telle celle des rabbins du Talmud ou celle des philosophes qui acceptent que l'idéal grec de la théorie soit subverti par le souffle prophétique. Or celui-ci ne se donnant pas comme savoir, c'est-à-dire comme présence du même dans la conscience, oblige ceux qui ne pactisent pas pour autant avec le silence de la théologie négative, ou avec une emprise destructrice du scepticisme sur les esprits, à se demander si le savoir est véritablement la figure indépassable du sensé et si la « présence » constitue « l'intelligibilité originelle de Dieu [27] ». Les mots exceptionnels ou simples par lesquels le penseur tente de dire cette intelligibilité qui outrepasse savoir et présence n'annoncent pas la fin de la philosophie, ils sont portés par le désir de la renouveler et de redonner force de vie à son originel amour de la sagesse, un amour trop longtemps méconnu ou tourné en dérision par ceux-là même qui font profession de philosophie.

« Que le sage (*hakham*) ne se glorifie pas de sa sagesse », dit Jérémie (9.22). Cette glorification équivaudrait en effet à un vivant témoignage de son absence de sagesse, elle attesterait d'un orgueil incompatible avec elle puisque l'orgueil, en raison de son opacité, ne laisse passer nulle lumière et conduit à l'idolâtrie. Ainsi, dans le Talmud, « R. Hisda a dit au nom de Mar Okba : " De tout homme présomptueux le Saint, béni soit-Il, pense : 'Il n'y a pas de place pour lui et pour moi au monde'" » (*Sota* 5b) ; « R. Juda dit, au nom de Rab : " Quiconque se montre arrogant voit sa sagesse le quitter, même si c'est un sage, et si c'est un prophète, son inspiration " » (*Pessahim* 66b). La parole du théologien ou du philosophe cède malgré tout souvent à ce péril, confondant son Dit avec le Dire, prenant son verbe pour celui de Dieu, elle oublie que ce dernier ne s'entend qu'aux instants où il interrompt le discours, le fait hésiter et se dédire, comme si ce fût là l'unique façon pour lui de se tenir en sa proximité. Ces Dits ne sont pas vains pour autant, car nul élan vers Dieu ne se nourrit de sa propre ferveur sans violence et sans asphyxie ultime, ils résultent de l'effort de l'intelligence humaine pour s'approcher du verbe absolu, l'exprimer et le transmettre. Mais en faisant mémoire à l'homme de l'humilité et d'une nécessaire réserve dans ses prétentions de savoir, en accusant même la glorification de soi et de sa sagesse de foncière inanité, le Dieu qui parle dans la Bible, sans condamner cet effort, ouvre aussi au don d'une autre parole. Le prophète Jérémie poursuit : « " Que celui qui se glorifie se glorifie uniquement de ceci : d'être assez intelligent pour me comprendre et savoir (*haskel véiada*) que je suis l'Eternel, exerçant la bonté, le droit et la justice sur la terre, que ce sont ces choses là auxquelles je prends plaisir ", dit l'Eternel » (v.23). Mais que signifie ce savoir ? Comment vient-il à l'idée ? Relève-t-il d'une simple piété ou convient-il de l'accueillir au sein même du discours philosophique ?

La connaissance dont l'homme aurait loisir de se glorifier ne serait pas celle du savoir relatif à l'essence des choses et à la maîtrise de leur secret, elle viendrait à l'idée non au terme d'un effort conceptuel patient et soutenu, mais par *le témoignage* rendu à cette parole qui annonce la bonté, le droit et la justice. Ce serait « par la voix du témoin que la gloire de l'Infini se glorifie [28] », ou que le Dire ferait effraction dans le discours sans supposer le préalable des propositions rationnelles de la théologie positive. Mais que signifie exactement ce témoignage, et peut-il venir s'inscrire dans le discours philosophique ? La raison humaine a-t-elle quelque chance de se tenir au diapason de « l'idée que la vérité peut être témoignage rendu de l'Infini [29] » sans consentir à une mise en question d'elle-même ?

Le verbe de l'homme qui, par excellence, témoignerait du Dire associé à la bonté, au droit et à la justice tiendrait dans la simplicité des mots humbles et graciants – « me voici » (*hinneni*) – prononcés face à l'altérité fragile du prochain. Tel le « Dire de l'inspiration qui n'est ni le don de belles paroles ni de chants. Astriction au donner, aux mains pleines et, par conséquent, à la corporéité [30] », et telle « l'humanité de l'homme comprise comme théologie [31] ». Or, pour que cette parole monte aux lèvres, il faudrait que l'orgueil fasse place à l'humilité, et la souveraineté du savoir à la sujétion au bien. Une sujétion qui interdit qu'on s'oppose à elle, une sujétion qui tient l'homme sans lui laisser de repos, car la bonté, le droit et la justice ne souffrent pas d'attendre et ne se discutent pas. Grâce à elle, les mailles serrées du discours philosophique ou théologique se relâchent, elles laissent passer la pureté du Dire qui échappe au Logos tout en s'énonçant dans ces mots simplement humains : « Me voici. » Comme si la force du Dieu irréductible à toute thématisation venait en l'homme et se faisait entendre par sa voix et par son langage. La glorification, ou le poids (*cavod*), de l'Infini ne se manifesterait pas aux hommes par le caractère grandiose, impressionnant et définitif d'un discours théologique ou philosophique inévitablement guetté par l'idolâtrie, mais bien par la voix fragile du témoin et par ses mots qui devront rester inachevés. Le témoignage en effet disparaîtrait dans une œuvre accomplie, fermée sur elle-même et incapable d'accueillir le souffle tremblant des questions à peine ébauchées. Or le philosophe serait lui aussi appelé à faire place à la voix du témoin, au cœur même de son désir démonstratif ou dialectique, de son amour de l'intelligibilité comme Logos impersonnel et de son désir de subordonner tout élan vers la sagesse à la connaissance des essences. Cette voix lui dirait que, si la beauté et l'intelligence d'une œuvre achevée s'opposent bien à l'angoisse et à l'inquiétude face à tout ce qui mutile cet amour et cet élan, c'est malgré tout au prix de l'apostasie du Dire.

Le Dire ne voue pas au silence pour autant, mais il appelle le témoignage plutôt que la thématisation propre au désir de savoir ; il est une parole portée par la vie de celui qui l'énonce, et non un discours magistral. Dans la Bible, les prophètes, animés par l'esprit (*ruah*) de Dieu, témoignent de son Dire sans prétendre révéler une vérité relative à l'essence des choses. Leur parole, toujours à la limite de leur angoisse, fait en effet entendre une intelligibilité qu'aucun savoir ne résume : une intelligibilité de l'attention à l'étranger, à la veuve et à l'orphelin, comme source première de toute réflexion. « Je viens au nom de l'Eternel », dit Samuel (I.17, 45), je viens transmettre ses mots censés orienter tous les autres. Le témoignage du prophète ne se fait pas en son nom propre, mais bien au nom de Celui qui l'inspire comme si, à son insu, ses paroles éclairaient la signification du Nom imprononçable. Signification qui ne révèle pas Son essence, car la phrase où ce Nom fait effraction ignore les mots qui désignent des essences. Elle ne relève d'aucune gnose et d'aucune proclamation de foi, mais uniquement de l'orientation de l'un vers l'autre où le prophétisme se révèle comme « psychisme même de l'âme [32] ».

Que peut signifier cette révélation pour le philosophe ?

III.
La question de la Révélation

Longtemps la raison servit la théologie, et ce statut d'*ancilla theologia* impliqua la soumission, sincère ou feinte, du philosophe vis-à-vis des autorités religieuses, qui prétendaient détenir l'exclusivité de la juste interprétation des textes dits révélés. La révolte de Spinoza contre cette emprise sur les esprits, sa dénonciation de l'obscurantisme des rabbins et des prêtres et son ardent plaidoyer en faveur du droit à philosopher librement – dans une Cité où le Souverain s'interdirait toute législation en matière spéculative – ne conduisent cependant pas seulement à la séparation des institutions religieuses et de l'Etat. Comme il a acquis « l'entière conviction que l'Ecriture laisse la raison absolument libre et n'a rien de commun avec la philosophie [1] », Spinoza entend en effet séparer radicalement la philosophie de toute source de pensée inspirée par l'extériorité, qu'elle soit celle d'un Livre ou celle d'une tradition. La raison humiliée par une certaine théologie prend alors sa revanche, mais Spinoza ne se contente pas simplement d'inverser les termes du couple antagoniste, raison et théologie, en exigeant que celle-ci se soumette dorénavant au tribunal de celle-là. Il proclame surtout l'indépendance de la raison vis-à-vis de toute expérience historique, telle celle de la Révélation prophétique, et il soutient que la quête de la vérité implique de se délester absolument du poids des textes bibliques puisque ceux-ci n'ont aucun contenu de vérité. Il concède qu'ils encouragent les ignorants à persévérer sur le chemin de la justice et de la charité en leur promettant des récompenses ou en les menaçant par des châtiments, mais, précisément, cela n'a rien à voir avec la philosophie. Celui qui s'adonne à la quête de la sagesse par la voie de la pure spéculation doit congédier toute résurgence de l'impact de ces textes sur son esprit. Il apparaît donc tout à fait inutile, et même nocif, de continuer à les méditer, sauf pour en faire la critique. Et il est vain de vouloir, comme Maimonide, concilier philosophie et Révélation biblique, puisque la raison n'avance vers la vérité qu'à condition de se purifier des scories imaginaires et sensibles entretenues par ce Livre absolument étranger à ce que cherche le philosophe : la vérité.

En décrétant sa pleine et entière autonomie vis-à-vis de la Révélation, la raison refuse toute pertinence à l'idée de « vérités révélées », qu'il faudrait accepter sans mot dire. Elle se fraie une voie de liberté loin de toute proposition dogmatique et de son cortège de violences ; chacun, dit-elle, doit pouvoir apprécier et juger, nul n'est tenu d'obéir à des engagements pris par d'autres que soi et, en matière de réflexion, nul n'a autorité ou préséance sur soi. Cependant, malgré sa belle fierté, ce geste spéculatif ne pose-t-il pas bien des questions ?

Si l'idée de Révélation doit en effet échapper au concept autoritaire de « vérités révélées », sous peine d'entraîner ceux qui se réclament d'elle aux pires violences et aux ténèbres de l'esprit, cela implique-t-il que cette idée n'a aucun rapport avec l'amour de la sagesse et de la vérité ? Cela veut-il dire qu'elle n'a pas d'autre pertinence que celle de forcer les hommes à la moralité en leur faisant peur ? Inversement, l'idée d'une raison pleinement maîtresse d'elle-même, vouée à un idéal de transparence qui demande de congédier toute extériorité, ne repose-t-elle pas, elle aussi, sur des présupposés contestables ? Et si cette maîtrise et cette transparence deviennent l'idéal du philosophe, ne risque-t-il pas alors de se détourner de ce qui fait la chair vive et la pulsation secrète de ce monde ? Car, s'il n'est pas certain que celui qui fait place, en son esprit, à l'idée de Révélation soit sommé de croire en un corpus de « vérités » extraordinaires, destructrices du bon sens et de tout esprit critique, la certitude que la raison constitue l'unique et ferme mesure du sensé repose elle aussi sur des bases fragiles, pathétiques même pour leur incapacité à laisser percevoir et penser au-delà des concepts.

Dans cette perspective, réfléchir à la centralité de la Révélation implique tout d'abord de chercher ce qui s'offre à penser sous ce nom dans le texte *hébraïque* de la Bible, puis de se demander comment entendre cette « centralité ». Que signifie en effet « avoir un centre » pour une pensée ? Ce centre est-il compatible avec l'amour de la sagesse censé définir la philosophie ?

La tradition hébraïque parle du « don » de la Torah (*matan Torah*) à propos de la Révélation du mont Sinaï. Or ce don ne peut s'identifier à un dévoilement de secrets extraordinaires, offerts à la crédulité d'un peuple et à l'intelligence de ses interprètes, ces derniers étant surtout soucieux de l'asservir, selon l'opinion de bien des lecteurs « politiques » du texte biblique. Comment donc penser ce « don » et sa réception par tout un peuple, jadis et maintenant ? Peut-il avoir quelque intérêt pour un philosophe ?

Il ne s'agit pas, ce faisant, d'entretenir le scepticisme sur la raison, mais d'envisager autrement ses rapports à l'idée de Révélation. Ce qui implique une réflexion sur la qualité des *mots* qu'elle doit admettre dans son discours pour s'ouvrir à l'appartenance de l'esprit à une vie plus surprenante que celle des concepts.

Centralité de la Révélation

La Torah ne parle pas de « Révélation », ce mot provient de la traduction araméenne du passage : « Et l'Eternel descendit (*vaiered haChem*) sur le mont Sinaï » (*Ex.* 19.20). Onquelos, le traducteur, remplace en effet « descendre » par « se dévoiler » : il écrit : *Véitgéli haChem*, c'est-à-dire « Et l'Eternel se dévoila ». Ainsi, loin de signifier le dévoilement de l'essence divine, la Révélation désigne, dans le texte hébraïque en tout cas, l'événement d'une descente. Descente de la transcendance dans l'immanence du monde, descente de la parole ou du Davar de Dieu vers les hommes. Dès lors, la question posée par cet événement serait celle de sa possibilité même : Comment penser cette descente de la transcendance dans l'immanence sous la forme d'une parole ? Comment le monde peut-il s'ouvrir à elle, la recevoir et en vivre ? Et n'est-il pas enfin paradoxal d'évoquer la « centralité » d'un tel événement qui, semble-t-il, vise pourtant précisément à faire perdre aux hommes l'assurance qu'ils peuvent trouver leur centre en eux-mêmes ou le chercher dans l'être ?

Cette descente de la transcendance ne correspond pas à une attente à laquelle elle s'ajusterait ou à une demande qu'elle viendrait satisfaire. Les mots prononcés ne constituent pas en effet une réponse à un questionnement, réponse qui calmerait l'inquiétude et comblerait les hommes. S'ils le deviennent – par exemple, dans le cas où une institution se prévaut d'eux pour imposer une doctrine –, leur compromission avec l'idolâtrie s'avère patente. Le sens de la Révélation se pervertit alors sous l'emprise de la volonté de ceux qui, convoitant de s'approprier le divin pour dominer les hommes, se font passer pour son seul et unique porte-parole légitime. Mais, si cette perversion reste à chaque instant possible – elle a pris et prend encore des formes effroyables dans l'histoire –, c'est bien parce que cette descente de la transcendance ne constitue pas un acte de puissance et de domination, c'est bien parce que les mots prononcés n'ont aucunement la force de s'imposer par eux-mêmes. Si certains accaparent la Révélation et s'en servent pour violenter l'esprit et le corps de leur prochain, c'est en effet parce qu'elle ne subjugue pas les hommes mais dépend d'eux. Sauront-ils la recevoir sans la pervertir, c'est-à-dire sans la mettre au service de leurs desseins à eux ? Sauront-ils résister à l'idolâtrie ? Cette question, lancinante dans la Bible – elle est au cœur des admonestations des prophètes –, ne doit pas demeurer étrangère aux philosophes. Du moins à ceux d'entre eux qui ne jugent pas vain de se souvenir que la philosophie signifie une quête de la sagesse et non un pur et simple exercice spéculatif censé apporter du prestige à son auteur et des lettres de noblesse à une culture, mais dans l'ignorance du souci de l'humanisation réelle de la vie.

Loin de contribuer à la satisfaction, la descente de la transcendance provoque un dérangement de l'ordre, un bouleversement qui saisit sans laisser le temps de se protéger de la souffrance qu'implique inévitablement l'intrusion de l'altérité dans l'existence. La Bible décrit cette descente à sa façon, comme un événement de langage. Le Seigneur descend sur le mont Sinaï et « appelle » (*vaiqra*) Moïse (*Ex.* 19.20). A cet appel, Moïse monte vers la cime de la montagne pour s'entendre dire de redescendre vers le peuple afin que ce dernier ne se précipite pas vers le sommet. En effet, dans ce cas, l'Eternel risquerait de faire une « brèche » (*Ex.* 19.24). Une fois le peuple averti, une fois Moïse et Aaron remontés, Dieu parle alors et prononce dix paroles.

L'INSPIRATION DU PHILOSOPHE

Ces allées et venues de Moïse semblent indiquer que l'entente du verbe divin suppose de consentir à se déplacer. Nul ne le perçoit en restant figé à sa place, fermement ancré au port de ses certitudes, dans l'amour de ce qui souvent distrait sans inciter à se lever et à aller vers des lendemains imprévus et risqués. Il faut savoir monter et descendre, dit le texte, il faut savoir quitter un niveau d'être et s'élever, pas à pas, vers un autre, mais sans convoiter la gloire, puisqu'il s'agit aussi de savoir redescendre vers ceux qui n'ont pu monter... Or c'est la structure de l'appel et de la réponse qui constitue le dynamisme de ces mouvements, la montée puis la descente de Moïse ne résultent pas en effet d'une décision prise en toute autonomie, encore moins de sa convoitise : elles répondent à l'appel de Dieu. L'entrée en mouvement implique, dans ce cas, la réception de la parole comme si seule elle donnait d'aller vers le sommet de la montagne, puis d'en redescendre en portant les Tables du témoignage (*louhot haEdout*) (*Ex.* 32.15). Cependant cet appel va de pair avec une mise en garde au peuple : il ne doit pas, quant à lui, suivre Moïse au sommet. L'Eternel risquerait de provoquer une « brèche » semblable à celle qui menace les prêtres qui ont négligé de se sanctifier (*Ex.* 19.22). Que signifie donc cet avertissement ? Sans doute l'opportunité d'une préparation et la reconnaissance d'une certaine indignité, même si ni l'une ni l'autre ne permettent jamais d'ajuster la parole révélée à une attente précise. En oubliant de se sanctifier, en se précipitant inconsidérément vers la montagne, les prêtres et le peuple montreraient qu'ils n'ont aucun sens de la transcendance, et la parole reçue dans une immédiateté sans préalable – comme si chacun pouvait en jouir et s'en prévaloir pour persévérer plus audacieusement dans ses entreprises – ne les ferait pas vivre. Elle les briserait au contraire. Ils s'en serviraient, au lieu de la servir ; ils croiraient la comprendre dans sa plénitude et proféreraient des discours trop vite affirmatifs, des discours destinés précisément à colmater les brèches – celle de l'incertitude et de l'inquiétude, celle de la souffrance inévitable. Dès lors, malgré les apparences, ils ne s'élèveraient pas grâce à elle, ils pactiseraient, une fois de plus, avec l'idolâtrie.

Or la parole entendue au Sinaï signe la défaite des certitudes sans annoncer un corps de doctrines nouvelles : elle n'enseigne rien sur l'essence de Dieu et la nature profonde de ce qui est. Son Dire ne s'épuise dans aucun Dit théologique ou philosophique, car le souffle qui l'anime outrepasse tout énoncé raisonnable et serein destiné à s'en assurer une maîtrise. En délogeant l'homme de toute position centrale, en tenant en échec ses rêves de souveraineté, cette parole implique un renoncement à ce qui fonde la glorification de soi ou le souci de sa propre perfection : l'illusion d'être quelque chose par soi-même. Pourtant, s'il faut mourir à cette illusion et renoncer à la tentation de ressembler à quelque belle image de soi, ce n'est pas par complaisance morbide à l'humiliation, mais parce que seul ce « lâcher prise » permet de recevoir ce qui donne de vivre. C'est là le véritable changement espéré, l'unique conversion nécessaire, une conversion jamais acquise néanmoins, tant la hantise des certitudes et la crispation sur une idée de soi s'imposent fréquemment à l'esprit, barrant l'accès à cette parole à l'instant même où l'homme prétend s'en réclamer. Nul ne sait imaginer le chemin qui mène vers le sommet du Sinaï, nul n'en connaît exactement le tracé. Ce dernier ne se découvre qu'en avançant, mais chacun en entrevoit le point de départ lorsque, perdant ses assises dans le monde, il accepte la souffrance et la joie d'une existence vécue au risque d'une parole qui n'est pas la sienne. Car, pour la Bible en tout cas, l'humanité du sujet commence dans cette ouverture toujours inédite au Dire qui l'habite, mais cette humanité n'est jamais acquise une fois pour toutes, elle court sans cesse le péril de l'usure et de la destruction. Or celles-ci s'annoncent chaque fois que l'homme, au lieu de laisser le Dire l'appeler et de lui répondre dans la concrétude de sa vie, se crispe sur des propos qui s'efforcent d'en maîtriser le secret, par peur et dans le vain désir aussi que rien, pas même la transcendance, ne lui échappe.

La première des dix paroles – « Je suis l'Eternel ton Dieu (*anokhi haChem Eloekha*) qui t'ai fait sortir du pays d'Egypte, d'une maison d'esclaves » (*Ex.* 20.2) – s'éclaire dans cette perspective. Celui qui parle s'annonce en effet comme le libérateur de l'oppression subie au « pays d'Egypte » (*Eretz mitsraïm*), or cette dénomination n'indique pas seulement la terre lointaine où les Hébreux subirent le sort dramatique de l'esclavage et de la persécution. Elle signifie aussi les innombrables lieux d'aliénation et d'esclavage où l'homme s'enlise et se perd, sans même s'en rendre compte, principalement quand il s'agit de lieux aimables et gratifiants, tels ceux conférés par le prestige, la reconnaissance et la gloire.

Il arrive que l'exercice spéculatif, au cœur de la Cité des hommes, confère, à juste titre sans doute lorsqu'il apporte lumières et bienfaits, le privilège d'habiter de tels lieux. Cependant, concernant la question de la Révélation, il faut se demander si cet exercice ne fait pas courir le risque d'une aliénation qui s'ignore et qui demanderait une vigilance toute particulière. La raison constitue évidemment un bien précieux ; il faut savoir le protéger contre la violence des passions destructrices qui, dans l'histoire, se sont réclamées, et continuent de se réclamer, du texte dit révélé pour vouer l'intelligence aux gémonies comme si elle était le mal en soi, comme si l'hésitation, le questionnement et l'inquiétude qu'elle charrie étaient l'œuvre d'une puissance mauvaise. Comme nulle foi religieuse n'échappe à ce péril, il faut ne pas se lasser de défendre la cause de l'intelligence et enseigner le devoir de faire croître en soi ses capacités rationnelles plutôt que de devenir captif, sous prétexte de cette foi, d'un imaginaire sans frein ni loi. Cependant, en ce qui concerne la Révélation, la nécessaire et inlassable plaidoirie pour le devoir de réflexion raisonnée ne peut se faire dans l'oubli du fait que le Nom imprononçable (*haChem*) échappe à l'intelligence spéculative. Il déserte le Dit qui, dans sa hardiesse, osait s'en approcher, Il déjoue la volonté d'emprise conceptuelle et théorique. Celle-ci se découvre bien vite vide de son objet, car ce Nom n'équivaut pas à un principe abstrait, découvert par induction raisonnée ou posé comme un *a priori* déterminant les limites du pensable. Dans le texte biblique, Il s'annonce à l'homme comme un libérateur des lieux d'aliénation et comme *ton* Dieu (*Eloekha*) – non comme un principe cosmologique ou métaphysique, non comme une puissance anonyme et neutre. Il ne livre pas le secret d'une essence première et dernière, mais Il aborde l'homme comme un interlocuteur personnel, porteur d'un visage, en lui faisant mémoire d'une délivrance et en lui prescrivant une certaine conduite. Or, pour la tradition hébraïque en tout cas, c'est cette prescription qui donne sa pleine signification à la liberté (*hérout*) obtenue en quittant l'Egypte, dès lors que celui qui la reçoit en fait le centre de sa vie et de sa pensée non par démission devant l'exigence de réflexion raisonnée et critique, mais par certitude que la pensée découvre sa vraie liberté (*dror*) quand elle se laisse inspirer par une source qui la transcende. Le mouvement d'arrachement au sol aliénant de l'Egypte intérieure propre à chacun, la liberté (*hérout*) de dire non à l'archaïsme pulsionnel, aux terreurs anciennes et nouvelles, comme aux préjugés tenaces qui dispensent de penser [2], ne constituent pas une fin en soi. Cette dynamique se prolonge, dans la Bible, par l'acceptation d'une parole qui, dans son altérité, aide l'homme à trouver le chemin de son intériorité dans ce qu'elle a de plus vivant, parce que cette altérité est aussi l'unique source de la vie et de la liberté (*dror*).

Le philosophe se voit dès lors confronté à une tâche singulière face à ce passage qui raconte la descente au mont Sinaï car, comme l'affirmait Spinoza à propos de l'ensemble des textes bibliques, ce récit semble échapper à toute rationalité. Il peut cependant s'intéresser à lui en cherchant ce qu'il transmet comme enseignement moral aux ignorants ou encore vouloir exercer son érudition, philologique et historique, afin d'en élucider les paradoxes et d'en expliquer le sens relativement à ses conditions d'apparition. Mais, comme il ne peut pas, sous peine de se renier, renoncer à la réflexion raisonnée et qu'il se méfie de l'inspiration par une source extérieure, il refusera, de toute façon, de rester captif des images de ce texte, il se méfiera de leur puissance émotionnelle. Il optera alors généralement pour l'une des deux positions suivantes : soit, à l'instar de Maimonide, l'effort d'une lecture allégorique de ce texte afin de montrer qu'il ne contrarie pas la raison ; soit, à la suite de Spinoza, son abandon aux ignorants incapables de suivre la raison car trop soumis à l'envoûtement passionnel. Mais s'agit-il véritablement là d'une alternative irréductible ? Une autre voie ne reste-t-elle pas envisageable qui prenne au sérieux ce texte et écoute ce qu'il dit, sans renoncer pour autant aux exigences de la raison ? Une voie qui ne permettrait pas de sourire avec condescendance à l'idée d'inspiration du philosophe ?

Si l'idée de Révélation doit s'entendre « comme une modalité qui, paradoxalement, conserve la transcendance de ce qui se manifeste et, par conséquent, comme ce qui passe la capacité d'une intuition et même d'un concept [3] », la tâche d'une lecture allégorique visant à clarifier le texte où cette transcendance s'énonce, à lever l'opacité de ses images et à porter à la lumière de l'intuition ou du concept leur contenu rationnel, ne s'achèvera jamais. La raison ne pouvant s'approprier la transcendance, par l'intuition ou par le concept, sans la nier comme telle, sans la faire disparaître. Cela ne signifie pas que cet exercice soit vain, mais cela implique de savoir qu'il reste toujours approximatif, à jamais interminable car toujours à dédire. Malgré les propositions affirmatives censées énoncer la Révélation dans le langage du philosophe, au terme d'un raisonnement rigoureux et ferme, anxieux de mettre à mal toutes les contradictions logiques et l'intrusion de l'affect dans la pensée, la transcendance échappe aux visées de la réflexion. La virtuosité intellectuelle du philosophe reste impuissante à maîtriser le Dire du texte révélé, même si, grâce à elle, celui-ci apparaît et se transmet avec la clarté et la distinction que seuls les meilleurs concepts permettent, alors que le langage de la représentation, imagé et symbolique, entretient l'ambiguïté. Néanmoins, le langage du concept présente aussi certains dangers quand le philosophe, grisé par ses succès, estime que ce qui échappe à la rationalité n'a tout simplement pas de réalité. « Dans le *concept* (*Begriff*) seul, la vérité trouve l'élément de son existence [4] », affirme Hegel, conformément au principe selon lequel le réel est d'essence rationnelle et le rationnel seul réel. Or cette certitude revêt souvent des formes redoutables puisqu'elle sert à rejeter dans l'impensé, l'affect et l'imaginaire, toute expression humaine, artistique ou religieuse par exemple, qui échappe à l'ordre rationnel. L'oubli moderne de l'ancrage de la raison dans une vision de l'être ou du devenir ne rend d'ailleurs pas les philosophes plus accueillants à l'altérité des textes prophétiques. La modernité a en effet rompu avec la notion du Logos héritée de Platon, elle ne définit plus la raison « en termes de vision d'un ordre dans le cosmos », elle ne soutient plus, avec Hegel, que la raison gouverne le devenir : elle se contente souvent de l'associer à l'idée « d'instrumentalité efficace [5] ». Sur ce point, elle ne prend pas réellement au sérieux la distinction kantienne entre les phénomènes, ou l'univers tel qu'il apparaît à la connaissance humaine, et les noumènes, ou l'univers tel qu'il est en soi [6], car elle doute de l'idée même d'un « en soi » des choses. Elle entretient un certain mépris pour ce qui ne s'ajuste pas à l'ordonnance des concepts qu'elle forge, comme s'ils constituaient le moyen exclusif de lutter contre l'ignorance et l'ombre menaçante de la non-pensée.

Or le texte biblique parle un langage énigmatique, il se maintient dans le clair-obscur d'un récit dont les images touchent la sensibilité, le cœur et l'imagination avant toute éventuelle élaboration conceptuelle. Il n'emprunte d'ailleurs aucun chemin méthodique pour transmettre son enseignement, il n'hésite pas à se répéter, à se contredire parfois, du moins au regard de l'implacable rigueur de la logique classique ; il abonde en métaphores et la chair vibrante de ses mots se dessèche sous l'emprise de l'abstraction conceptuelle. La Bible n'est pas un traité de philosophie, elle ne propose aucun système d'explication du monde, elle raconte une histoire singulière qui vaut comme enseignement (Torah). C'est ainsi qu'elle relie, de façon indissociable, la mémoire de la délivrance d'Egypte et la promesse d'une entrée sur la terre où coulent le lait et le miel à un ensemble de préceptes destinés à la sanctification de l'existence. Les sages de la tradition hébraïque en déduisent que l'obéissance à ces préceptes constitue une orientation indispensable à la vie comme à la réflexion. Non pour tarir le désir de penser et l'empêcher de prendre son élan, mais pour rappeler que toute connaissance qui ne place pas au-dessus d'elle la crainte et l'amour de Dieu court le risque de l'idolâtrie. La hardiesse des spéculations concernant Dieu en constitue une forme subtile, violente et orgueilleuse, intolérante souvent envers ceux qui, jugeant impossible de jouir d'une clarté idéelle sans ombre pour ce qui concerne Dieu, pensent que sortir de l'ambiguïté équivaut à perdre la transcendance [7] et qu'il convient dès lors, pour parer à ce danger, de rester attentif à ce qui excède la rigueur et la beauté des concepts. Pour les sages, cette attention passe par l'obéissance aux préceptes, quel que soit le degré de son savoir, car, contrairement à la thèse spinoziste, cette obéissance ne s'impose pas seulement aux ignorants, soumis aux ténèbres des passions, afin de les moraliser un peu. En commandant un « faire » qui ne souffre pas d'attendre sa justification par une élaboration conceptuelle, un « faire » qui concerne l'altérité de Dieu et des créatures, la Torah introduit l'humilité au cœur de la réflexion raisonnée et de la quête de la sagesse. Elle inspire l'idée que la Révélation n'est pas réservée à une catégorie d'hommes, frustes quant à l'intelligence, tandis que les autres pourraient s'en dispenser puisque, quel que soit le degré de sa sagesse, l'homme est appelé à « faire ».

Mais que signifie précisément cette antériorité du « faire » sur la réflexion ? Quel rapport a-t-elle avec l'idée du *don* de la Torah ?

Le don de la Torah

L'expression des sages « don de la Torah » (*matan Torah*) décrit, traditionnellement [8], l'événement de la Révélation. Au mont Sinaï, l'Eternel aurait *donné* au peuple une des six choses qui précédèrent la création du monde. Selon le Midrach en effet [9], la Torah est une création d'avant le temps, comme il est dit : « L'Eternel m'a possédée, commencement de sa route, avant ses œuvres, dès l'origine » (*Prov.* 8.22). Et R. Benaya, dans ce même Midrach, soutient que le monde et ce qui l'emplit furent créés en considération exclusive du mérite de la Torah, ce qu'exprime le verset : « L'Eternel, par la sagesse (la Torah), a fondé la terre » (*Prov.* 3.19). L'Eternel aurait fait *don* à des êtres de chair et de sang, inévitablement voués à la finitude, d'une réalité qui échappe à la temporalité.

Comment penser ce *don ?*

L'acte de donner présuppose une rupture avec l'espace de la symétrie, de la réciprocité et du calcul, de la dette et de l'échange, il implique la défaite de tout intéressement et l'oubli même de la générosité du donateur. Celui qui donne ne peut en effet attendre la gratification de la reconnaissance sans annuler le don. S'il escompte être payé en retour, fût-ce symboliquement, il transforme le don en valeur marchande. Ce qui ne signifie évidemment pas que celui qui reçoit doive s'abstenir de toute reconnaissance. Nul ne donne s'il espère recevoir quelque chose en retour, à plus ou moins long terme ; nul ne reçoit le don s'il estime y avoir quelque droit ou, inversement, s'il est déterminé à le rendre afin de ne rien devoir, afin d'être quitte. « Le don, s'il y en a, n'est-ce pas aussi cela même qui interrompt l'économie ? Cela même qui, suspendant le calcul économique, ne donne plus lieu à l'échange ? Cela même qui ouvre le cercle pour défier la réciprocité ou la symétrie, la commune mesure, et pour détourner le retour en vue du sans-retour [10] ? » En ce sens, il est douteux que les pratiques du *potlach* étudiées par M. Mauss dans son *Essai sur le don* [11] – pratiques qui obligent l'indigène à rendre ce qu'il a reçu, jusqu'à la destruction de ses richesses, pour ne pas être « en reste » et ne pas avoir l'air de désirer quelque chose en retour – méritent vraiment le nom de don. En effet, alors que le mot « don » s'associe généralement à des idées positives, comme celle de la générosité et de la bonté gratuite, la folle dépense du *potlach* voue, peu à peu, les hommes à la ruine et à la mort. Le don disparaît dans la surenchère violente de l'échange généralisé, il fait place à la destruction.

Pour que le don existe, l'instant où il advient doit donc

être soustrait à toute circularité, réelle ou symbolique ; il présuppose « le déphasage temporel de la totalité de l'être [12] », car il déjoue toutes les tentatives de « récupération » permises par le temps, principalement celles de la mémoire et de l'imagination. Il annonce une « diachronie » irréductible à la conscience habituelle du temps, conscience qui s'efforce de retenir le passé ou de prévoir l'avenir, c'est-à-dire de le rassembler dans le présent. Ce « laps de temps » du don, « c'est aussi de l'irrécupérable, du réfractaire à la simultanéité du présent, de l'irreprésentable, de l'immémorial, du pré-historique ». Les limites des facultés humaines ne sont cependant pas en cause puisque ce « laps de temps », réfractaire aux efforts de représentation et de mémoire, sauvegarde le don en orientant vers une signification rebelle à toute volonté d'emprise, c'est-à-dire à tout désir de le maîtriser, fût-ce par un discours qui en énoncerait l'essence et, dès lors, l'annulerait comme tel. Car, dans ce cas, le don ne serait plus reçu, il ne susciterait aucune parole de gratitude ou de louange : il deviendrait un objet de connaissance, une possession de plus, en somme. Le destinataire du don pourrait alors persévérer dans son être comme si de rien n'était, signe le plus flagrant de l'ignorance de ce qu'il a reçu. Pourtant, parfois du moins, il arrive que l'homme s'ouvre à la signification de cet immémorial, ou de cet au-delà du « temps mémorable de l'*essence* », temps propre à la philosophie et au désir de savoir en général. En certaines circonstances, imprévues et bouleversantes, inévitablement excessives et blessantes pour la suffisance d'être, l'homme peut en effet entendre « la résonance d'autres significations » que celles sur lesquelles veille la raison, des significations « oubliées dans l'ontologie [13] ».

Comment le peut-il ?

Le don ressemble alors à une inspiration qui inquiète le sujet sans lui laisser le temps de se ressaisir et de reprendre *son* souffle. Le voici soudain dérangé, jusqu'à l'obsession même, par un souffle étranger, un souffle qu'aucun effort de conceptualisation ou de thématisation ne parvient à assagir. Cette mise à mal de la tranquillité ne provoque évidemment pas le contentement, elle dérange et expose à la souffrance de ne plus pouvoir, simplement, continuer d'être dans une position assurée et dans une temporalité sans rupture. L'homme n'est pas satisfait de recevoir ce don, son excès provoque en lui une tension incessante qu'il souhaiterait oublier, un certain temps du moins, afin de se reposer ou de persévérer plus sereinement dans son être, en comptant sur ce qu'il sait pour affronter la vie. Mais seul ce qui est du temps s'estompe peu à peu, s'efface, voire disparaît tout à fait du champ de la conscience. Or, comme cette inspiration relève de l'immémorial, elle ne se laisse précisément pas oublier ainsi, elle exige le témoignage, maintenant encore.

Cette analyse éclaire-t-elle l'événement de ce que les sages nomment le don de la Torah ? Pourquoi les Tables où sont gravées les dix paroles seraient-elles un don, peut-être le don par excellence ?

La réflexion sur le don enseigne qu'il faut le soustraire à la réciprocité et à la circularité temporelle afin de ne pas le transformer en objet d'échange économique. Il convient donc, pour s'en approcher, de ne pas partir d'une métaphysique de la présence ou de l'ontologie, car elles supposent une temporalité où les choses font toujours ultimement retour au sujet qui les pense ou se les représente. « Une problématique conséquente de la trace et du texte [14] » serait dès lors un point de départ plus pertinent, à condition toutefois d'admettre que ni l'un ni l'autre ne renvoient à une présence pleine, estompée, altérée, ou trop lointaine pour se donner elle-même. La trace, en effet, met en relation « avec une absence radicalement soustraite au dévoilement et à la dissimulation », elle signifie sans faire apparaître une présence pleine et « en dehors de toute intention de faire signe [15] ». Elle est ce point où l'immémorial touche la temporalité.

Moïse ne redescend pas du Sinaï pour transmettre au peuple la certitude d'une présence enfin dévoilée, claire et évidente au regard de tous. Selon le Talmud, il lui apporte un don qui l'obligera sans le combler, un don qui, sollicité, lui transmettra des significations (*Erouvin* 54b), mais qui gardera aussi son secret et résistera « au logos univoque des théologiens [16] ». Un don qui échappe à celui qui cherche à s'en saisir, dans l'orgueil de croire que ses concepts sont à sa mesure ou dans le désir de s'en prévaloir pour dominer les hommes. Mais, si Dieu a en effet donné (*vaiten*) à Moïse « les deux Tables du témoignage, Tables de pierre, écrites (*cetouvim*) par le doigt de Dieu » (*Ex.* 31.18), encore faut-il être disposé à les recevoir afin que le don ne se métamorphose pas en idole et que l'immémorial ne se dégrade pas en simple célébration du passé. Ce qui se produit lorsque les hommes, s'étant approprié le don, s'en prévalent pour traverser la vie avec quelque fierté, sans souffrir cependant qu'il les inquiète dans l'ici et le maintenant de leurs jours éphémères.

Les sages se demandent pourquoi Moïse mérita de recevoir ce don, alors qu'il fut simplement transmis à Josué et à ses successeurs. Sur ce point, le Talmud relie très explicitement la réception du don à l'humilité : « Si un homme se fait comme un désert, que tous les pieds peuvent fouler, Dieu lui fera don (*matana*) de la Torah » (*Erouvin* 54b), Il l'adoptera et Il l'élèvera. Citant ce texte, R. Haïm de Volozin écrit : « La raison en est que, grâce à l'humilité, l'homme mérite tout ce à quoi il est possible d'avoir accès, comme Moïse notre maître, qui était le maître des prophètes et le père des sages, et n'a été pourtant loué que pour son humilité. » La Torah, précise-t-il, « coule comme de l'eau, de haut en bas, et ne subsiste que chez celui qui se fait " bas " lui-même (...) plus l'homme s'efface et amoindrit sa personne, plus il libère en lui espace et capacité d'accueil pour la Torah. Tandis que, s'il gonfle son cœur et sa personne en s'élevant lui-même, il ne reste plus de place disponible pour la Torah et celle-ci le quitte nécessairement [17] ».

Le don dépend donc des hommes, de leur capacité à recevoir sans retenir pour eux, sans prendre possession, sans se laisser aller à la satisfaction de celui qui sait. Chacun découvre des aspects nouveaux de ce don selon le niveau de la racine de son âme, dit R. Schneour Zalman de Liady [18]. Ce qui signifie aussi que nul n'en détient la « clé », car chacun est appelé à en dévoiler de nouveaux aspects. Chacun reçoit le don lorsqu'il se fait « lieu » pour lui, pour la Torah, qui est, selon les sages en tout cas, une réalité plus haute que le monde des idées.

Le Midrach explique que l'Eternel proposa la Torah à plusieurs peuples avant de la donner à Israël. Ils la refusèrent car, s'étant enquis au préalable de son contenu, ils jugèrent qu'elle ne leur convenait pas [19]. Mais, lorsqu'Il la proposa aux Hébreux, ils acceptèrent d'emblée en disant : « Nous ferons et nous entendrons » (*Ex.* 24.7), sans chercher à savoir quelle était exactement la nature de cette Torah. Le Talmud rapporte qu'une voix céleste s'éleva alors en se demandant qui avait révélé aux Hébreux ce secret de la priorité du faire sur l'examen raisonné, secret angélique (*Chabbat* 88a).

Si ce secret conditionne la réception du don, il ne va pourtant pas de soi. Il semble même prôner une légèreté d'esprit et une insouciance peu compatibles avec la gravité du moment [20]. Le peuple n'aurait-il pas dû chercher à connaître le contenu de la Torah de façon à s'engager raisonnablement, en connaissance de cause ? N'aurait-il pas dû, avec un esprit critique, peser le pour et le contre plutôt que d'accepter inconsidérément ce don, sans savoir s'il aurait la force de le porter et de le transmettre ? Une promesse de se conformer à des préceptes que l'on ignore encore ne se contredit-elle pas, d'ailleurs ?

L'inversion de l'ordre logique, qui fait l'unanimité des hommes raisonnables et libres – savoir puis faire –, ne témoigne cependant pas nécessairement d'une docilité privée de toute intelligence, d'une spontanéité imprudente, naïve et néfaste malgré son éventuelle générosité, ou encore d'une obéissance aliénante à des ordres absurdes. Elle peut signifier tout d'abord que la compréhension vient en faisant, car l'accomplissement éclaire souvent la pensée, et le geste l'oriente vers des significations rebelles à l'abstraction spéculative. « C'est en bâtissant que l'on devient architecte, en jouant de la cithare que l'on devient cithariste. De même, c'est à force de pratiquer la justice, la tempérance et le courage que nous devenons justes, tempérants et courageux [21] », remarque Aristote. Ainsi, la morale ne s'enseigne pas comme une matière spéculative, car elle ne commence pas par un acte intellectuel de libre examen de différentes idées qu'il faudrait ensuite, le cas échéant, mettre en pratique. Sa signification s'approfondit non par la spéculation, mais par l'habitude de poser des actes vertueux, qui seuls orientent la vie vers le bien. Sans eux en effet, un homme peut discourir sur le bien, en élaborer une théorie subtile, mais sa doctrine reste étrangère à la vie, elle ne la change pas. Elle appartient au domaine des choses que l'on sait parmi tant d'autres, sans que ce savoir parvienne jamais à éclairer véritablement l'existence. De façon plus décisive encore, le mépris de la chronologie courante dont témoigne la parole des Hébreux – « nous ferons et nous entendrons » – caractérise « toute action inspirée, même artistique, par laquelle l'acte fait seulement surgir la forme où il reconnaît son modèle jamais entrevu jusqu'alors ». Le poète ou le peintre sont en effet souvent surpris par leur création, par la force ou la beauté d'un verbe, d'un trait ou d'une couleur qui les dépasse et déjà suscite des commentaires où ils ne reconnaissent pas leur intention. Nulle œuvre ne se réduit à mettre en pratique une théorie, sauf à se dégrader en technique d'école, et son pouvoir de signifier dépasse inévitablement les limites que le contexte historique ou la liberté de l'auteur sont censés lui assigner. Or c'est précisément dans cette ligne de pensée qu'il convient d'approcher la promesse « inconsidérée » des Hébreux. Elle indique en effet un dépassement du savoir dont toute création inspirée atteste la possibilité et révèle « une structure profonde de la subjectivité [22] ». De quoi s'agit-il ?

L'acceptation du don de la Torah, sans prendre le temps d'examiner celle-ci et sans désirer opérer un choix entre les différents préceptes, ressemble à une adhésion « inconditionnée » à l'antériorité d'un bien, dont la conscience humaine n'est pas la mesure. Les Hébreux consentent à ce bien comme à une urgence qui ne tolère aucune tergiversation, même intellectuelle, car ils pressentent qu'il ne se donne qu'à celui qui l'accepte d'emblée et qui refuse de s'en séparer, fût-ce pour le temps bref d'un examen, rationnel et libre de ses principes et de ses conséquences. Alors que « la tentation du savoir » assure à l'homme la possibilité d'un « permanent dégagement [23] » du sujet, qui prend ses distances pour apprécier, la Révélation du Sinaï demanderait un engagement qui exclut cette possibilité. A ce propos d'ailleurs, un midrach raconte qu'au pied de la montagne « le Saint, béni soit-Il, a incliné au-dessus d'eux (des hommes) la montagne en forme de baquet renversé et qu'Il leur dit : " Si vous acceptez la Torah, tant mieux ; sinon, ce sera là votre tombeau " » (*Chabbat* 88a). Les Hébreux pouvaient-ils alors refuser le don ? Façon imagée de dire que la Torah ne se propose pas au choix intellectuel, rationnel et libre, car elle ne fait pas partie d'un ensemble de possibilités de penser et de vivre que chacun pourrait apprécier avant, éventuellement, d'adopter l'une d'elles, en toute liberté, sans pression et sans violence, en toute sérénité d'esprit. Elle se donne comme condition impérative de vie, comme un *a priori* irrécusable, même par la raison. Ce qui ne dispense pas de l'étudier jour et nuit, car cet *a priori* ne se compose pas de certitudes qu'il suffirait de répéter, de génération en génération, ou d'évidences indiscutables. Il se donne comme un préalable à la liberté ou à la non-liberté, préalable qui conditionne l'orientation de la vie et de la pensée vers le Bien, et non comme un contenu doctrinal. Comme l'antériorité immémoriale d'une parole, qui exige une interprétation renouvelée afin de rester vivante et de continuer de faire vivre.

Un autre midrach dit qu'au temps d'Ahsverus « les Juifs reconnurent et acceptèrent » (*Esther* 9.27) ce qu'ils avaient déjà accepté au Sinaï. Or, dans l'un et l'autre cas, la situation diffère fondamentalement. Alors que Dieu descend vers les Hébreux au Sinaï, Il reste absent de l'histoire racontée dans le livre d'Esther, où les Juifs sont menacés d'extermination. Est-ce donc le bon moment pour reconnaître et accepter une Torah qui voue précisément si souvent ceux qui lui sont fidèles à la persécution ? Persécution des puissances, qui, en violentant l'âme et le corps des Juifs, voudraient faire disparaître l'immémorial du don et le remplacer par des idoles ajustées aux désirs et aux passions humaines, au nom de la raison parfois, de la haine de l'immémorial toujours. Mais c'est alors en effet le temps où, moins que jamais, il convient de déserter et d'abandonner le don.

Au cours de l'histoire, ce don vit dans l'intériorité de ceux qui, sans compter sur les institutions pour cela, veillent sur le souffle de la parole et le laissent inspirer actes et pensées, car c'est ainsi que l'immémorial, sans se laisser saisir par une idée ou une représentation, habite le présent. Le persécuteur s'acharne à effacer toute trace de ce souffle dans l'âme de celui qu'il violente, il ne supporte pas l'existence de ceux qui en témoignent contre leur gré parfois. Sans songer à persécuter, certains en appellent à la raison comme à l'unique source de vérité pour lutter contre ces témoins, car ils n'admettent pas que ce qui échappe à la raison soit porteur de sens et de vérité, tandis que d'autres, moins respectueux, n'hésitent pas à user de dérision et de mépris.

Il ne faut pas attendre que la dérision cède la place à des armes plus immédiatement meurtrières. Intellectuellement parlant, la résistance à ces intimidations et à ces menaces passe par la fidélité maintenue à l'idée d'immémorial. Ce qui n'implique nul renoncement à penser et à réfléchir méthodiquement, mais ce qui demande une subordination de cette pensée et de cette réflexion à un absolu qui les oriente vers une altérité irréductible à la superbe des concepts.

« Nous ferons et nous entendrons » ne signifie pas confiance naïve et sotte, mais « lucidité sans tâtonnement » d'une intériorité ouverte à l'absolu. Une lucidité qui vient à l'esprit de celui qui est l'obligé de la voix qui lui parle [24].

Raison et Révélation

La philosophie ne s'oppose pas seulement à la naïveté au nom d'un idéal de lucidité qui se veut sans faille, elle refuse le poids des traditions singulières, qu'elle dénonce comme une entrave à la liberté de l'esprit et aux prétentions universelles du concept. Elle s'efforce de ne pas succomber aux consolations fallacieuses des religions qui, selon elle, font accepter le malheur, plutôt que d'armer contre lui, et ne permettent pas d'affronter sereinement le destin mortel des vivants. La raison théorique dont elle se réclame, raison à l'affût des illusions et des préjugés, s'efforce de frayer la voie à une humanité délivrée de tout obscurantisme en confiant cette tâche à l'intelligence spéculative. Or, comme l'idée de Révélation semble fondamentalement incompatible avec ce projet, le philosophe l'assimile souvent au vertige de l'irrationnel et du mythe, et désire donc la chasser totalement de son horizon de pensée. L'opposition classique de la raison à l'idée de Révélation conduit parfois à admettre deux sources de la vérité, l'une exigeant « l'audace » d'un libre questionnement, l'autre « l'obéissance » à une Parole transmise, mais l'âpreté du conflit n'en disparaît pas pour autant. « Le théologien dénonce l'*hybris* des grands systèmes philosophiques » et la vanité d'une sagesse non inspirée ; de son côté, le philosophe, ne tolérant pas « l'autorité de la Parole », rejette « l'obéissance de la foi » « avec l'obéissance cléricale [25] » et, à la suite de Spinoza, refuse souvent de concéder le moindre contenu de vérité à cette foi. Mais ne convient-il pas de reconsidérer cet antagonisme ?

Au commencement, dit la Bible, « le souffle de Dieu (*ruah Elohim*) planait au-dessus de la surface des eaux » (*Gen.* 1.2). Cependant, comme le rappelle Elihou dans le livre de *Job* (32.8), depuis la création de l'homme (*Gen.* 2.7), ce souffle ne plane plus, il est dans l'homme (*ruah hi béenoch*) à qui l'âme de Dieu (*nichmat Chaddaï*) donne le discernement. Toute connaissance en provient, ce que sait l'homme ne repose donc pas seulement sur son effort pour comprendre mais dépend de ce souffle. Pour la mentalité hébraïque en effet, il ne s'agit pas de choisir entre la positivité des savoirs et la Révélation, ou entre une sagesse non inspirée et une sagesse inspirée, mais de lutter contre la sclérose inévitable de cette positivité dès lors que l'homme croit bon de congédier l'inspiration. En l'assimilant souvent à l'intrusion des puissances ténébreuses dans la belle ordonnance des concepts, sous prétexte qu'il ne la maîtrise pas et que ce souffle lui commande toujours de dépasser ce qu'il sait. Par méfiance envers toute idée d'inspiration, certains philosophes évoquent le mot même de « spiritualité » avec dégoût et se croient autorisés à en chasser toutes les expressions comme illégitimes au regard de ce qui seule mérite le nom de « science ».

Le prophète Zacharie (12.1) insiste sur l'appartenance de l'esprit humain à Dieu : « L'Eternel a déployé les cieux, fondé la terre et formé l'esprit qui anime l'homme. » Comme le remarque H. Cohen, pour qui la création de l'homme ne se laisse pas séparer de celle de son esprit, cela signifie que « l'esprit de l'homme exige spécifiquement le créateur divin [26] ». Dans cette perspective, pourquoi l'exercice de la raison devrait-il emprunter un chemin rebelle à l'esprit ? Si, dès la création, la corrélation entre Dieu et l'homme passe par cette voie, pourquoi faudrait-il que la raison – théorique et pratique – méprise ou oublie cette corrélation afin de mieux comprendre et de mieux faire ? Une raison fermée sur elle-même, déterminée à ne laisser aucun souffle issu de l'interprétation des textes inspirés venir déranger la rigueur des concepts qu'elle forge, parvient-elle d'ailleurs vraiment à une compréhension de la réalité plus universelle que celle d'un philosophe admettant la singularité du message prophétique comme source incessante de questionnement ?

Un tel philosophe ne méprise pourtant pas la raison, il pense même que la lecture des textes inspirés commande son exercice. « Une idée subtile n'est pas comprise de même par une intelligence vive ou atrophiée, et tout ce qui s'ajoute à la connaissance de l'homme ajoute à la clarté des choses ; ne nous contentons pas des conceptions imaginaires acquises en notre jeunesse au seuil de nos études, concernant les notions ambiguës et les interprétations difficiles [27] », dit par exemple Bahya à propos de ces textes. Il conseille de recommencer l'étude de la Torah et des prophètes lorsque l'intelligence mûrit, afin de mieux comprendre les mots, la langue et les sens différents des versets. Il demande à son élève de distinguer les passages qui fournissent matière à déduction rationnelle de ceux qui ne s'y prêtent pas. « Ne nous contentons jamais de ce que nous croyons savoir, mais ayons toujours l'application profonde du néophyte [28]. » Or ces conseils et cette mise en garde sont incompatibles avec l'idée d'un antagonisme foncier entre raison et Révélation, ils jugent avec sévérité ceux qui renoncent à penser sous prétexte de foi. Le dilemme, pour Bahya et beaucoup d'autres, n'est donc pas entre raison et révélation, ou entre intelligence et foi. Il se situe plutôt entre une philosophie ouverte sur des significations qui orientent son exercice et une philosophie qui, pour préserver son autonomie, juge nécessaire de demeurer rebelle à leur réception et finit parfois par leur dénier toute dignité.

Lorsqu'un philosophe soucieux de l'autonomie de sa discipline admet que ces textes demandent réflexion, au même titre que les mythes grecs ou la parole énigmatique des présocratiques, lorsqu'il veut bien reconnaître qu'ils proposent de belles idées aux hommes, il juge cependant qu'ils ne peuvent faire intrusion dans le libre exercice de la raison sans l'altérer gravement. Il craint en effet que la raison soit menacée et blessée par une littérature qui ignore le concept et l'argumentation déductive sur la base de principes clairement établis. Mais cette thèse ne repose-t-elle pas sur des présupposés discutables concernant la raison ?

La philosophie est certes impossible s'il faut se soumettre à l'autorité d'une parole ou de « maîtres » censés savoir et, bien entendu, elle ne peut admettre une quelconque intimidation au nom d'une Révélation. Dans ce cas, en effet, la raison revendique à juste titre son émancipation, et sa lutte pour libérer l'intelligence est légitime. Néanmoins cela ne signifie pas que la raison – pour pouvoir vivre et se développer – doive absolument donner congé aux traditions spirituelles. Il arrive certes que celles-ci deviennent des carcans malheureux où se dissimule une absence totale de pensée, mais ce destin, qui n'a d'ailleurs rien de fatal, n'est pas le propre de ces traditions. L'oubli des exigences de la réflexion, la soumission aux habitudes et la dégénérescence de la pensée en idéologie affectent aussi les courants rationnels les plus hostiles à la spiritualité. La sévérité de Péguy vis-à-vis des intellectuels qui professent sans éprouver, en laissant les pensées vivantes se dégrader en idées et la mystique en politique [29], vaut évidemment aussi pour ceux d'entre eux qui se réclament d'une rationalité résolument hostile à l'inspiration par les grands textes spirituels de l'humanité.

Le combat contre l'idolâtrie n'est d'ailleurs jamais gagné une fois pour toutes. Seuls l'éveil et le qui-vive de l'esprit permettent de parer à sa tentation. Or, en philosophie, celle-ci revêt parfois la forme, intimidante et autoritaire, d'une rigueur conceptuelle et théorique intolérante à tout verbe étranger et à toute parole qui délie son discours. Au nom de la raison, dont ils s'arrogent souvent le monopole, savants et philosophes chassent alors l'impertinence des mots non délestés du poids de la sensibilité, du cœur et de la chair, comme si, hors le concept, aucun discours ne pouvait prétendre à la *vérité*. Ce qui conduit ensuite à soutenir que la raison ne tolère qu'un langage épuré de la pulsation secrète de la vie en chacun. Et, de ce schisme, provient aussi la séparation du savoir et de la sagesse, car celle-ci ne se démontre pas, elle se vit, sans ignorer le pathétique des jours humains sous prétexte de réflexion, sans penser que la singularité fait obstacle à la vérité. Dès lors, quand il se dit ou se transmet, le langage de la sagesse ne cherche pas à se dépouiller des couleurs ardentes de cette vie, il veille sur elles comme sur un bien rare et précieux. Un bien que la raison risque d'étouffer quand elle signifie son congé au souffle novateur de l'esprit.

La Torah, dit la Bible, n'est ni ardue ni lointaine. « Elle n'est pas dans le ciel » (*Deut.* 30.12), et ne nécessite donc pas des intermédiaires chargés d'aller la chercher. Elle n'est pas affaire de spécialistes ou d'érudits, elle se tient en proximité de tout esprit humain, « dans la bouche et dans le cœur » (*Deut.* 30.14) de celui qui, sans chercher à affirmer une doctrine ou une vérité abstraite, se tient attentif à la source de la vie en lui, en refusant de se laisser détourner par les prestiges ou les gratifications de l'heure. Ce qui, dans la tradition juive en tout cas, n'équivaut pas à quelque immédiateté du langage du cœur dans le dédain de l'exercice de l'intelligence, mais demande un effort constant pour maintenir éveillée l'attention à cette source, grâce au *limoud*, c'est-à-dire à l'étude. Car la Torah, qui se trouve « dans la bouche et dans le cœur », ne se *révèle* pas à l'homme sans que celui-ci la réveille, chaque jour encore, grâce aux mots de son étude. L'homme cherche à connaître Dieu en étudiant la Torah, en scrutant le texte avec une attention renouvelée. Il ne professe pas une foi, il ne se soumet pas inconsidérément aux impératifs d'une loi, mais il espère, par une étude qui a le dessein d'une prière, de se tenir plus proche de son créateur. Avec crainte et amour, dans cette joie si singulière qui peut habiter la nostalgie et la douleur. Or ces affects ne portent pas ombrage à la connaissance, car la proximité recherchée ne ressemble ni à un savoir *sur* Dieu, ni à un simple affinement de la représentation que certains se forgent *de* Lui ; elle est un événement qui transfigure intérieurement. Comme le dit H. Cohen [30], « connaître Dieu signifie se reconnaître en lui », c'est pourquoi cette connaissance ne peut se passer de la sensibilité, du cœur et de la chair, à l'instant même où elle demande à l'homme d'exercer sa raison.

L'INSPIRATION DU PHILOSOPHE

L'étude n'est pas la quête d'un savoir supplémentaire. Elle exige certes des capacités de réflexion et de mémoire, des qualités de raisonnement logique et méthodique [31], mais elle est aussi, de façon indissociable, une façon de vivre et le but même de l'existence. Davantage, la relation de l'homme au texte, par l'effort de questionnement incessant qu'elle implique, constitue le modèle du lien qui, selon la tradition hébraïque, unit le présent au passé. Dire que ce texte est révélé ne le transforme pas en effet en autorité accablante pour la raison, penser en référence à une tradition n'annule pas la vie de l'esprit. La Révélation n'est pas un fait du passé, « elle est installée en toute clarté dans la rénovation vivante confiée à la continuité nationale [32] ».

« Dès le début, je n'ai point parlé en secret » (*Is.* 48.16), ce verset prophétique est cité par les rabbins pour décrire l'événement de la Révélation (*Chabbat* 86b). Or cette clarté première ne signifie pas qu'il est donné congé à la raison, car son rôle n'est pas de fasciner et de tenir en respect, mais de solliciter la réflexion dans ce qu'elle a de plus aigu. Elle ne se révèle comme telle qu'à condition de questionner le verbe où elle se donne, génération après génération, et l'exercice de la raison s'avère alors nécessaire. Comme le remarque I. Breuer [33], « le judaïsme ne constitue pas une offense à la raison, il la circoncit (*milah*) ». Il la tient en haleine en la confrontant, chaque jour de nouveau, à l'altérité d'une parole (*milah*) irréductible à ce qu'elle comprend, car toujours en excès par rapport à ce qu'une intelligence peut saisir.

L'inspiration de la raison par le souffle de ce texte passe par une temporalité qui fait droit aux questions de chacun. La Révélation ne met pas fin aux interrogations, au contraire elle les avive, dans leur maladresse ou leur subtilité. Le rapport maître-disciple en dit toute l'excellence.

IV.
Le maître et le disciple

Une vie d'anachorète tente peu le philosophe. S'il lui arrive de s'écarter du cours de la vie ordinaire, comme Pascal, Descartes ou Spinoza, un pur refus du monde ne préside pas à ce retrait. Le philosophe désire transmettre ses idées, car nul chemin de pensée vivante ne se fraie dans une absolue solitude, et le désir de le partager avec d'autres fait partie de sa quête. Ainsi, en proposant sa « méthode pour bien conduire sa raison », Descartes espère qu'elle rencontrera l'assentiment des hommes sensés. De son côté, Spinoza s'efforce « de travailler à ce que beaucoup connaissent clairement ce qui est clair [1] » pour lui. Dès l'Antiquité d'ailleurs, « la forme dans laquelle la pensée va à la rencontre de ce qu'elle cherche est souvent liée à l'enseignement » : Héraclite, Socrate, Platon et Aristote ne séparent pas l'amour de la sagesse de la parole vive échangée avec leurs élèves. Plus tard dans l'histoire, « à partir de Kant, le philosophe est principalement professeur. Hegel, en qui la philosophie se rassemble et s'accomplit, est un homme dont l'occupation est de parler du haut d'une chaire, de rédiger des cours et de penser en se soumettant aux exigences de cette forme magistrale [2] ». La parole du maître s'impose alors différemment que, dans l'Antiquité, elle ne laisse pas grande chance au disciple d'en questionner l'autorité. En outre, dans la modernité en tout cas, la relation traditionnelle d'un maître à des disciples, au sein des lieux qui dispensent le savoir, semble vouée à l'anathème. En effet, l'assurance que donne le sentiment d'appartenir à une institution vénérable comme l'Université et d'y exercer un certain pouvoir sur autrui s'avère souvent peu compatible avec l'amour de la sagesse, censé définir la vocation du philosophe. Celle-ci se confond trop souvent avec la possession d'un savoir, d'une érudition, ou de compétences spécialisées et techniques [3] qu'il convient de transmettre à des étudiants. Il s'agit là d'un enseignement respectable, mais il n'est pas sûr que l'amour de la sagesse en constitue la pointe vive. Dès lors, l'inquiétude et la joie propres à la quête du bien et du juste, du beau et du vrai, les inévitables bouleversements qu'elle induit chez le maître et chez le disciple n'ont plus lieu d'être. Une fois assimilée à un savoir à transmettre, avec autorité, mais dans la plus grande neutralité, la philosophie, dans l'acte même de se faire et de se communiquer, ne se soucie plus de relations de personne à personne. Le professeur, en effet, veille sur la neutralité comme sur un bien précieux, il transmet une philosophie plutôt que sa pensée, ses interrogations ou ses doutes. Il demande à ceux qui l'écoutent de comprendre cette philosophie, sans nécessairement en questionner les prétentions de vérité ni se demander ce qu'elle signifie pour leur vie. Comme si toute question existentielle, nécessairement singulière, se révélait impertinente face à l'abstraction conceptuelle. Enfin, le mot même de « maître » fait frémir les esprits libres car, selon le sens commun, il implique aliénation, soumission aux idées d'un autre et perte de tout esprit critique. Reste, évidemment, qu'il ne suffit pas de déclarer illégitimes les mots de « maître » et de « disciple », sous prétexte des pratiques d'allégeance qu'ils sont supposés entretenir, pour que celles-ci disparaissent du sein des institutions censées veiller sur la neutralité du savoir et sur l'égalité de chacun devant lui.

Cependant l'idée que la relation maître-disciple implique de soi un lien de soumission et de dépendance, une perte de la capacité de « penser par soi-même » et d'être libre, s'avère contestable. Si un maître se donne en exemple à des disciples fascinés et subjugue leur esprit, la relation d'enseignement cède la place à la violence. Cela arrive évidemment, dans les traditions spirituelles comme dans le domaine politique, et la philosophie connaît aussi ce péril. Mais, si l'on s'efforce de penser comment cette relation peut manifester l'excellence d'une ouverture de la pensée, de la parole et de l'acte à l'altérité irréductible des personnes, une perspective fort différente se fait jour. Une perspective difficile et non exempte d'échecs, tant l'homme, qu'il soit maître ou disciple, a de peine à consentir à cette altérité. Penser l'altérité en effet, singulièrement au temps de la transmission et de l'enseignement, demande de renoncer à tout rêve de transparence ou de fusion comme aux fantasmes de domination et de toute-puissance et de s'émerveiller au contraire du miracle renouvelé qu'est la rencontre de l'altérité. Miracle en effet puisqu'elle permet – au temps où un homme risque de se perdre en lui-même, dans ses certitudes savantes ou idéologiques comme dans son angoisse d'être vulnérable – de retrouver le chemin de la source de vie en soi. Comme si, pour se frayer une voie vers elle, il fallait nécessairement emprunter le long détour imposé par la présence d'autrui. Ce détour fait entrer dans un espace asymétrique. Cela ne signifie pas un espace de soumission à une hiérarchie sociale ou intellectuelle, mais un espace où l'accession à ce qu'il y a de plus vivant en soi – que l'on soit maître ou disciple – passe, de façon étonnante, par l'acceptation de l'étrangeté d'autrui. Dès lors, comme il faudra le montrer, la relation maître-disciple en est évidemment profondément renouvelée.

Reste qu'une réflexion sur cette relation, dans le champ de la philosophie, est tributaire de l'idée que l'on se fait de cette discipline. En effet, il semble vain d'attendre d'une philosophie soucieuse de son autonomie, méfiante devant toute intrusion de l'altérité dans son champ propre – intrusion de textes relevant de traditions spirituelles, par exemple – et anxieuse de construire la pure rationalité d'un système, qu'elle pense la relation du maître et du disciple sur le modèle esquissé à l'instant. Elle acceptera plus facilement l'idée de savoirs constitués à transmettre sous forme discursive que la rupture provoquée par la question de l'altérité. Mais ce ne sera pas le cas pour une philosophie estimant que l'inspiration par l'altérité de textes propres à une tradition spirituelle ne contredit pas la raison, dès lors qu'ils sont reçus non pour chasser les questions des hommes, mais pour les susciter. Cette philosophie fera de leur herméneutique le poumon de sa quête de sagesse, et elle acceptera plus facilement que la parole soit plurielle [4].

L'herméneutique

L'amour de la sagesse est inséparable d'une réflexion sur l'acte de raisonner et sur la nature des mots dont il a besoin. Dès la plus lointaine Antiquité en effet, la quête du Logos – raison et langage – anime la pensée. Cependant, loin d'affirmer, comme le feront la plupart des philosophes, que les mots prennent source dans la pure ingéniosité humaine, qu'ils sont arbitraires, et qu'à ce titre le raisonnement doit veiller à ne pas se laisser entraîner par leur beauté ou leur force – séductrices peut-être mais étrangères à l'essence des choses –, les premiers philosophes grecs discutaient de leur pouvoir effectif de dire la réalité. Héraclite pensait ainsi que le Logos émane des choses et qu'il régit le monde, tout en constatant que les hommes l'écoutent mal. En effet, ils le confondent avec leur verbe particulier et croient le percevoir en toute clarté alors que son énigme demeure. Ils sont

« incapables de comprendre le Logos éternel [5] », dit Héraclite, car il se situe toujours au-delà de ce qu'ils affirment hâtivement à son sujet. D'ailleurs, ils comprennent rarement la leçon du maître, qui parle « d'après nature » et dont les mots permettent d'écouter et de regarder les choses avec intelligence. Seul le bon élève, parce qu'il ne prête pas attention à la personne du maître mais écoute le Logos, qui parle à travers lui, peut espérer se rapprocher des choses. Pourtant, même lui y parvient mal, car aucune leçon ne coïncide pleinement avec le monde et aucun maître ne transmet le Logos dans sa pure transparence. En effet, malgré l'excellence du maître et les qualités d'attention de l'élève, en dépit de leur effort pour dépasser ce qui, en eux, fait écran au Logos – le poids de leur singularité –, ils échouent. Cette singularité ne cesse de se manifester, en particulier par l'émotion et l'imagination. Celles-ci gênent leur entente du maître. La singularité, en effet, fausse la compréhension et interdit la belle entente du Logos universel. Dès lors, « les signes restent obscurs et les mots se vident. Dans l'écart entre eux, l'homme vise le sens qui se dérobe [6] ! ».

La persistance de l'écart entre les mots et les choses atteste de la présence d'éléments impurs au sein du langage, telle la couleur émotionnelle propre aux mots de chacun. En cherchant à dire l'essence des choses, les philosophes ultérieurs désireront éliminer cet obstacle, et ils chercheront dans le langage abstrait du concept le moyen d'y parvenir. Dans *Le Cratyle*, la discussion reste ouverte quant au rapport – naturel ou conventionnel – des mots aux choses, mais Platon s'efforce en tout cas de faire entrer ses disciples dans un mode de discours étranger aux particularités. Il ironise sur les opinions limitées à l'étroitesse d'un point de vue, impartageables comme telles, il les décrète sans valeur de vérité et entretient la méfiance envers les images et les métaphores singulières, dont abusent, selon lui, les poètes. « Par essence, ce qui est susceptible d'être enseigné ne l'est que parce qu'il peut être appris non par tel ou tel individu à l'exclusion de l'autre, mais par tout un chacun : cet être singulier qu'est l'élève n'est pas sollicité dans son altérité, mais dans l'identité partagée par les maîtres et les élèves. » Le dialogue du maître et du disciple vise à l'éclaircissement progressif des choses « selon leur être nécessaire en les montrant à la lumière de leur fondement en raison [7] ». Le reste, les impressions ou les émotions, n'a pas à intervenir. Les ignorants peuvent, eux aussi, accéder à la vérité, comme le jeune esclave du *Ménon* dont les capacités de raisonner s'éveillent grâce aux questions du maître. L'avancée dialectique vers l'intelligible ne dépend donc pas de l'érudition acquise, mais de l'aptitude de l'âme à raisonner et à accueillir la vérité en faisant abstraction du ton particulier de sa vie. Dans la plupart des dialogues platoniciens en effet, cette aptitude se manifeste lorsque l'homme consent à déposer les chaînes du langage ordinaire et à s'interroger sur le bien-fondé du sens qu'il donne aux mots qu'il emploie. L'effort conceptuel du philosophe ne se peut autrement. Les apories qu'il met à nu suscitent, certes, embarras et violence, mais le risque d'incertitude et de non-savoir est préférable – au regard de celui qui cherche la vérité – aux affirmations précoces et péremptoires de ceux qui, illusionnés par la force des mots, défendent un point de vue rivé à l'étroitesse de leur être particulier.

En élaborant de façon rigoureuse les catégories qui président au raisonnement, Aristote accentue cette méfiance envers le langage courant. La coupure entre les mots et les choses à laquelle Héraclite ne se résignait pas encore constitue désormais une donnée fondamentale de la philosophie. Comme aucune langue naturelle ne dit l'être, Aristote affirme la signification conventionnelle des noms et des discours [8], il sépare la logique de la rhétorique et de la poétique. Il oppose la quête du sens et de la vérité, propre au discours qui dit le vrai et le faux, discours valable pour chacun, aux figures ambiguës, approximatives et contradictoires du langage rhétorique et poétique. Celui-ci ne porte pas sur l'être nécessaire des choses – réservé au discours logique et scientifique –, mais sur le contingent, l'aléatoire, l'utile ou encore le souhaitable ; il se contente de vraisemblance et prend souvent plaisir et intérêt à entretenir l'illusion. Dans ce type de discours, l'*ethos* de la personne – son caractère, ses passions – porte ombrage à la pureté logique du raisonnement. Dès lors, afin de garder ses lettres de noblesse scientifique et logique, la philosophie doit résister aux compromissions avec le langage rhétorique ou poétique, se méfier de l'élan trompeur produit, dans un raisonnement, par la présence de mots séducteurs et refuser d'interroger le monde à partir d'eux. Aristote sépare le discours philosophique de celui dont usent le rhéteur et le poète, qu'il exclut de son *Traité de l'interprétation*, il cherche surtout à établir les règles de composition et de division de ce discours, car le vrai et le faux ne résident pas dans les noms et les verbes, mais dans ce qui les relie. Le philosophe se soucie donc de justifier l'attribution d'un prédicat à un sujet et de raisonner sur cette base. Les tables des catégories élaborées par Aristote, ses réflexions sur ce que signifie « savoir » et « démontrer [9] » engagent, de façon décisive, la philosophie sur la voie d'une défiance résolue envers le prestige des mots. L'acte de connaître en vérité et de poser des jugements universels passe nécessairement par l'abstraction conceptuelle et le raisonnement démonstratif. La tâche du philosophe demande rigueur et patience, il doit veiller à la sobriété de son langage plutôt que de se laisser entraîner par les mots et par leurs inductions trompeuses. L'herméneutique de textes poétiques ou prophétiques, textes écrits dans une langue particulière et prenant appui sur des mots censés être inspirés par les muses ou l'esprit, semble définitivement bannie du champ de la philosophie.

Les philosophes restent généralement fidèles à cet héritage. La langue de leurs livres cherche à éviter la séduction des mots et à ne pas se laisser entraîner par un souffle qu'elle ne maîtrise pas. Avoir un rapport d'écrivain à la philosophie ne convient guère en effet si la voie de la vérité passe par la pure rigueur du concept. L'ascèse du langage s'impose alors, les mots nés de la vie, de ses profondeurs et de son élan imprévisible, sont tenus en respect par l'effort du philosophe. Il résiste aux surprises du langage car, malgré leur beauté éventuelle, elles n'éclairent pas celui qui place toute sa confiance dans l'idée ; elles le charment parfois mais risquent alors de l'égarer. « Le goût gêne l'intelligence », dit Kant, la beauté de l'expression trouble et ne permet pas de « saisir avec raison [10] ». L'interrogation du monde par les mots est l'affaire du poète, le philosophe préfère la sobriété d'un langage où le sens ne naît pas du mouvement de l'écriture, mais d'une élaboration méthodique et rigoureuse.

Les difficultés des philosophes à faire place à l'herméneutique des textes non théoriques se fondent, pour une part, sur cette méfiance envers tout langage étranger aux concepts. Car comment admettre, par exemple, que le sens commence avec les mots inspirés des poètes ou des prophètes, et non pas seulement avec l'exercice de la raison spéculative, et rester philosophe ? Peut-il garder son respect envers l'idée de l'autonomie de la raison, celui qu'inspire le souffle de mots qui veillent sur une mémoire inconnue à soi-même ? Ne risque-t-il pas de perdre toute possibilité de plaider la cause de l'universel, celui qui suit l'élan de leur joie ou l'imprévu de leur nostalgie ? Ces mises en garde sont constantes dans l'histoire de la philosophie, elles ont servi de critère pour déterminer la ligne de partage entre la philosophie et son autre. Que dire d'elles, cependant ? Rendent-elles illégitime la tentative d'introduire l'herméneutique des textes hébraïques dans le champ de la philosophie ?

Pour les rabbins du Talmud, la réalité est langage, car toute chose prend source dans la parole – Davar – de Dieu. Le Davar ne relève pas de l'arbitraire des signes, il donne existence à toute réalité. Dès lors, la Torah ne doit pas se lire comme un recueil de réflexions *sur* le monde et *sur* la vie des hommes, réflexions qu'il serait sage de traduire dans le langage universel du concept, mais comme ce qui fait signe vers la source de la vie et de son sens. Dans cette perspective, la lecture continuée de ce texte, l'écoute de ses mots, et la tâche herméneutique toujours inachevée, deviennent la façon par excellence de se tenir en proximité de cette source et de ce sens qu'aucune élaboration philosophique n'épuise. Malgré la persistance du poids d'obscurité et d'absurdité qui pèse sur bien des existences, les sages pensent en effet que les mots abritent un sens qui ouvre l'homme à la réalité véritable, un sens dont le concept, malgré sa grandeur et sa nécessité, ne saisit qu'un faible éclat. Ils ne désespèrent ni du Davar ni de son étude, qu'ils privilégient comme mode d'existence doué d'une signification plus décisive pour la réparation (*Tikkun*) d'un monde abîmé par le mal que les engagements impatients à le changer. Enfin, dans la mesure où, selon eux, la seule réalité véritable est la divinité, certains considèrent l'ensemble des lettres de la Torah comme s'il s'agissait du Nom même de Dieu [11]. Le désir de participer à la vie de l'esprit en attente dans la lettre (*ot*) se comprend alors, ultimement, grâce à l'interprétation des versets, comme un effort pour dire ce Nom incommensurable à tout verbe humain, ou ce premier mot du langage.

Si l'existence vouée à l'étude constitue l'excellence de la vie, c'est parce que le texte dans sa concrétude – les lettres, les mots, les versets – ne fait pas écran à l'esprit mais le signifie. Celui qui croit pouvoir s'émanciper du texte, fermer le Livre et garder le meilleur, des idées, constate bientôt qu'elles se flétrissent. En effet, le souffle qui les rendrait à nouveau vivantes passe par l'herméneutique constamment reprise du « pouvoir dire » du texte d'où elles furent tirées. Sans lui, sans ce terreau fertile, elles deviennent de simples abstractions : elles périssent. Reste que ce terreau n'est pas fertile en soi, il a besoin d'un questionnement présent, inédit et inquiet, un questionnement issu de la fragilité des jours propres à chaque lecteur. Non par volonté de fuir ces jours vers quelque monde idéal, à l'abri de toute violence et de tout drame, mais par désir de donner sens à leur unicité et à leur vulnérabilité. Aucun exposé didactique sur les idées de la Bible ne répond à cette attente, aucun maître ne mérite ce nom s'il s'en satisfait et oublie d'encourager le disciple à trouver le chemin de son propre questionnement face aux versets. La pensée n'est pas ici un dialogue silencieux de l'âme avec elle-même ; elle a besoin de l'air vif de la discussion pour prendre son élan, c'est pourquoi certains sages comparent l'étude à une lutte. « Même un père et un fils, dit R. Hiya b.Abba, même un maître et son élève deviennent des adversaires lorsqu'ils discutent de la Torah à la même porte, mais ils ne quittent les lieux que lorsqu'ils sont à nouveau amis » (*Kiddouchin* 30b), car la discussion ne met pas en jeu le respect et l'amitié, mais le partage des opinions dans la quête de la vérité.

Le Livre ne ressemble pas à une réalité statique et définitive, fermée et hostile à la pluralité des interrogations propres à la singularité de chaque âme humaine. Seul celui qui refuse de penser, par paresse ou par idolâtrie, croit que la vérité est absolument claire et s'impose à tous sans souffrir discussion. Il oublie alors que, si « la Torah est parfaite, elle est aussi constamment inachevée ». A l'image de l'univers lui-même, « elle est créée comme un processus ouvert, et non comme un système clos ». C'est pourquoi elle en appelle davantage à un mode de questionnement relatif au sens du bien, du juste et du vrai qu'elle ne propose « un recueil de réponses ». En outre, pour les maîtres du Talmud, « découvrir les situations éventuelles dont elle traite et analyser leurs implications morales à la lumière de ses enseignements » ne repose pas sur une pure soif de comprendre et de maîtriser par des concepts, mais sur le désir de « partager le travail de la Divinité [12] », dont le Davar confère l'existence à toute réalité. C'est pourquoi les véritables maîtres ne se contentent pas de transmettre un savoir à leurs disciples ou de leur imposer une vérité abstraite et dogmatique, ils les mettent sur le chemin de l'interrogation des signes. Souvent, à leur insu, leur existence elle-même fait d'ailleurs partie de ces signes [13], elle les appelle à persévérer dans leur étude non par pur intérêt intellectuel, mais par désir de se rapprocher de la clarté qu'ils perçoivent chez eux. Comme s'ils pressentaient qu'elle n'appartient pas à leur personne, mais à leur capacité à accueillir en eux le Davar divin.

L'étude ne sollicite pas seulement l'intelligence, elle est bien une manière de vivre. Le maître et le disciple participent ainsi d'un effort d'élucidation du sens des textes, qui ne relève pas d'une pure spéculation, car il exige, « pour se révéler, l'engagement d'une destinée spirituelle, personnelle, irréductible à une autre destinée. Ainsi, la vérité est elle à la fois éternelle et historique [14] ». Si le sens ne surgit pas de cet engagement et s'il ne se transforme pas en modalité d'existence, les idées retenues appartiennent alors au registre d'une certaine érudition, mais elles restent une abstraction étrangère à la vie. L'étude *commence* véritablement au moment où l'étincelle de la question propre à une personne éclaire le texte, qui, en réponse, se transforme en force intérieure qui donne à l'homme de vivre, et pas seulement de réfléchir. Le Talmud insiste sur ce point. Ainsi, dans le traité *Chabbat* (88b), R. Chmouel demande : « Que signifie le verset " tu as capté mon cœur, ô ma sœur, ô ma fiancée, tu as capté mon cœur par un de tes regards " (*Cant.* 4.9) ? D'abord par un de tes yeux, et lorsque tu pratiqueras, ce sera avec les deux. » Le Maharcha [15] explique cette image en disant que les sens de l'homme ont une double dimension : l'une intellectuelle, l'autre sensible. Il arrive donc qu'un homme ait d'abord une vision intellectuelle de la Torah, qu'il soit séduit par sa beauté et son intelligence, par exemple, et ait plaisir à en discuter et à en parler, mais sans qu'elle soit une vérité *pour lui*. Par contre, s'il la pratique, si sa vie éprouve cette vérité, son être entier s'en trouve transfiguré, jusqu'au regard sensible qu'il porte sur le monde. Dans une perspective identique, Rabba enseigne, dans cette même page du Talmud, que, « pour ceux qui par la Torah marchent à droite, elle est un nectar de vin, et pour ceux qui marchent à gauche un poison ». Marcher à droite signifie consacrer toutes ses forces à l'étude de la Torah afin que la vie, dans ses moindres faits et gestes, en soit à chaque instant renouvelée ; marcher à gauche signifie l'étudier dans le but d'acquérir des idées à son sujet, des idées qui susciteront peut-être le respect des ignorants, mais qui, restant extérieures à la vie de la personne, ne feront pas vivre l'homme. Elles finiront même par empoisonner celui qui, par leur intermédiaire, cherche essentiellement le pouvoir, les honneurs et l'argent, cette « triple puissance [16] » qui, fallacieusement, laisse croire à l'homme qu'il est au-dessus de tous à l'instant où il se trouve au contraire dans la plus grande dépendance.

Alors que l'intention d'impartialité et d'universalité propre à la science implique un effacement de la singularité des personnes et ne présuppose pas un type d'existence particulier, la tradition hébraïque souligne la nécessité de la présence vivante de chacun dans l'étude et de son engagement à faire. « Nous savons seulement à l'instant où nous faisons [17] », dit F. Rosenzweig. Or ce « faire » ne résulte pas d'une compréhension intellectuelle préalable, c'est au contraire lui qui ouvre l'accès au sens de textes dont la vérité doit être éprouvée par chacun. Ce « faire » appartient donc intégralement à l'étude, et il se manifeste déjà dans le rapport du maître et du disciple face au Livre. En effet, il ne s'agit pas pour le maître de s'imposer à l'élève par la hauteur de vue de ses idées, mais de réfléchir, avec lui, à l'interprétation de mots anciens, dont la signification doit s'éprouver maintenant, par l'un et par l'autre.

Cette attitude suppose une pensée fondée sur l'écoute renouvelée des mots, et non sur le désir de les dépasser dans le but de s'en tenir à la logique des concepts. Est-ce acceptable en philosophie ? Certains le pensent qui, comme F. Rosenzweig, admettent que la signification des mots inspirés excède la pertinence des concepts et doit, pour cette raison, venir les questionner surtout quand ils constituent un système fermé à toute parole étrangère. A propos de son livre *L'Etoile de la rédemption*, il disait avoir choisi une méthode fondée sur le langage – et dès lors sur le dialogue vivant avec l'autre et sur la temporalité – se démarquant de la pensée intemporelle et solitaire, soucieuse d'éviter l'imaginaire trompeur des mots [18]. Il ajoutait : « C'est un livre qui s'exprime à travers d'anciens mots juifs pour dire ce qu'il veut dire et surtout lorsqu'il veut exprimer la nouveauté qu'il recèle. Les choses juives, comme toute chose en général, sont toujours révolues ; mais les mots juifs, peu importe qu'ils soient anciens, participent de l'éternelle jeunesse du Verbe, et lorsque le monde leur sera ouvert, ils le renouvelleront [19]. » Mais cette ouverture du monde ne passe-t-elle pas aussi par une nouvelle disposition de la philosophie vis-à-vis de son autre ?

Toutefois, avant de se demander si le verbe inspiré des prophètes a quelque chance d'être entendu par la philosophie, il faut réfléchir aux risques inhérents à cette écoute des mots.

La parole donnée

Les générations, qui se succèdent, sont garantes de la pérennité des mots et de leur transmission. La parole donnée aux anciens n'est pas seulement un viatique pour traverser le temps et affronter ses épreuves en gardant la mémoire d'une ancienne promesse, elle dépend des hommes et court dès lors bien des risques. Les mots du texte – biblique, en l'occurrence – n'imposent pas un parcours obligé de pensée, aucune philosophie précise et définitive ne se déduit d'eux. Ils ne vivent et ne font vivre, ils ne donnent à penser et à enseigner qu'à condition que des personnes singulières se tournent vers eux, les interrogent et transmettent un éclat de leur sens, celui qui a brillé pour elles au temps irremplaçable de leur vie. Cependant, sur cette transmission des mots et de leur sens, solidaire d'une vulnérabilité d'un verbe dont l'excès dérange les certitudes acquises et les systèmes de pensée, pèse aussi la grande ombre du faux témoignage.

« Tu n'invoqueras pas le nom de l'Eternel ton Dieu en vain » (*lo tissa et Chem haChem Eloekha lachav*) (*Ex.* 20.7) ; « Ne rends point contre ton prochain un faux témoignage » (*lo taané beréekha ed cheker*) (*Ex.* 20.13) ; « Tu n'accueilleras pas une nouvelle mensongère » (*lo tissa chema chav*) (*Ex.* 23.1). Ces préceptes bien connus constituent une mise en garde contre toutes les formes de mensonge. Ils sont censés régir la socialité, privée et publique, car une société ne peut exister quand les hommes manquent à leur parole ou trompent leur prochain ; ils doivent aussi gouverner le rapport à soi, puisque celui qui profère des contrevérités cherche le plus souvent à se leurrer lui-même. Cependant, ils jouent aussi un rôle fondamental dans la question de l'herméneutique, de la transmission et de la réception. Dans cet ordre d'idées, le mensonge intervient pour falsifier les mots, interrompre la transmission et rendre vaine l'espérance de signification. Il convient donc de réfléchir à la portée de ces préceptes sur toute philosophie qui reconnaît au témoignage une place centrale dans son parcours de pensée et, corrélativement, sur la relation du maître et du disciple qu'elle implique. Si, en effet, « de soi le Dire est témoignage [20] », il faut encore qu'il soit reçu et transmis. Une philosophie qui en fait le « poumon » de sa réflexion ne risque-t-elle pas dès lors, davantage qu'une philosophie fondée sur l'autonomie de la raison, de se livrer, toute intelligence liée, aux multiples contrefaçons du témoignage ?

« Le péché qui porte sur les mots », dit le Talmud (*Baba Metsia* 58b), est plus grave que celui relatif à l'argent. Le préjudice causé par l'argent souffre en effet réparation, celui provoqué par les mots persiste. Il est donc interdit de proférer des calomnies ou des contrevérités, de tromper verbalement qui que ce soit, même un idolâtre. La gravité du péché lié aux mots est telle que la liturgie de Kippour, qui détaille toutes les fautes envisageables de l'homme vis-à-vis de son prochain, ne retient, quand il s'agit de Dieu, qu'une seule faute : la profanation de Son Nom. Le blasphème (*Lév.* 24.11), dans la Bible, est d'ailleurs puni avec une extrême sévérité, car celui qui le profère atteste sa révolte contre l'idée d'une parole (Davar) première et créatrice. Selon le *Sefer haHinoukh*, le blasphème « équivaut à l'effacement de l'image de Dieu en l'homme [21] », celui qui le prononce affirme, devant tous, son refus de tenir son être d'un souffle qui le précède. Il veut, par ses mots, en faire blêmir toute trace, en lui comme en autrui, et la rigueur de la peine qu'il encourt signifie que, pour la pensée hébraïque en tout cas, les mots sont toujours à prendre au sérieux. Loin de ressembler à un songe sans lendemain, ils portent des prémices de vie ou de mort. L'existence ne sort en effet jamais indemne des vicissitudes du langage, c'est pourquoi les fautes qui lui sont liées retiennent tant l'attention des sages.

La conviction que les paroles ont le pouvoir effectif de faire vivre ou de faire mourir anime tout le récit biblique. Les mots ne sont jamais de simples mots, ils drainent le sens ou le non-sens, ils annoncent la vie ou la mort, ils font vibrer l'homme au diapason du souffle créateur ou cherchent, obstinément, à l'en détourner. D'où les nombreux préceptes relatifs au langage. « Tu n'iras pas propageant des bruits contre tes frères », exige par exemple le *Lévitique* (19.16), car la médisance, le dénigrement, comme le fait de rapporter les paroles de l'un à l'autre, introduisent un ferment de destruction dans le monde. La lèpre guette celui qui médit de son frère, comme si la rançon de la parole mauvaise était de venir s'inscrire dans la chair en la faisant ressembler à celle d'un « mort-né » (*Nb.* 12.12), dont le corps est en partie « consumé », dès la naissance, pour n'avoir pas été habité par des mots qui appellent à la vie. Or, comme des propos légers et blessants, mais aussi accusateurs et calomnieux, montent aux lèvres aisément, toute personne doit s'en garder en se souvenant, par exemple, du sort de Miryam, atteinte dans sa chair pour avoir, avec Aaron, médit de Moïse (*Nb.* 12.1). « On se parle avec fausseté l'un à l'autre, on parle d'une langue doucereuse, d'un cœur plein de duplicité. Que l'Eternel supprime toutes les langues doucereuses, les lèvres qui s'expriment avec arrogance, ceux qui disent : " Par notre langue nous triomphons, nos lèvres sont notre force : qui serait notre maître ? " », disait aussi le psalmiste (12.3-5) en constatant les dommages causés par les mots et l'obscurcissement du monde que provoque la perversion de leur sens. Cependant, « la malice de la langue », *lechon hara*, excède cette duplicité et cet orgueil. Comme le remarque en particulier le Hafets Haïm [22], elle commence avec toute parole de dérision sur autrui, toute complaisance à évoquer les traits de son comportement – fussent-ils exacts – et tout plaisir à écouter des propos qui transforment autrui en thème de conversation. Selon Maimonide [23], le *lechon hara* porte autant de dommages que l'idolâtrie, les unions illicites et l'effusion de sang réunies, il détruit celui qui le propage, celui qui l'entend et celui dont il parle. Comme si, en laissant peu à peu l'insignifiance et le mensonge gangrener la parole, l'homme portait atteinte à la racine même de la vie.

Le commandement qui proscrit le faux témoignage (*ed cheker*) s'inscrit évidemment dans cette ligne de réflexion. Contrairement à l'opinion de certains philosophes [24], dans la Bible, les actes extérieurs de l'homme ne doivent pas seuls répondre à une vocation de sainteté, mais également sa parole et sa pensée. Ainsi, le mensonge est interdit, non seulement parce qu'il porte préjudice à autrui, mais aussi parce qu'il pervertit la pensée. Mentir suppose en effet une confiance préalable dans la parole et dans son pouvoir de dire à autrui la réalité ou les apparences afin de chercher avec lui le sens des choses. A l'instant où il joue d'un idiome qui brouille tous ces repères, le menteur ne cesse de s'appuyer sur cette confiance, qu'il tourne pourtant en dérision. Pire souvent que la méchanceté qui s'annonce comme telle est d'ailleurs la perversion qui nomme bien ce qui est mal, lumière ce qui est ténèbres et doux ce qui est amer (*Is.* 5.20). L'homme peut combattre le méchant, mais il se défend mal des pièges du pervers. Ainsi, quand le faux témoin déclare juste l'injuste et véridique la fausseté, ses mots donnent l'être à ce qui n'est pas, ils rendent vaine toute argumentation puisque, sans un souci commun de vérité, celle-ci n'a pas de sens. Le discours pervers accule donc souvent à la violence ou au silence, il cherche la puissance sur autrui et jouit de le blesser. Celui qui en use s'arrange pour « avoir » toujours raison face à son interlocuteur.

Une philosophie du témoignage, soucieuse de l'herméneutique d'un langage dit inspiré, se doit de répondre à ces dangers. Quel statut, dans l'ordre de la connaissance, accorder en effet à l'antériorité des textes qu'elle étudie ? Comment penser la pluralité, parfois contradictoire, des interprétations du témoignage ? Comment distinguer celles qui attestent une inspiration par l'absolu de celles qui succombent à l'idolâtrie ? A-t-on le droit de donner un statut éminent, dans l'ordre de la réflexion, à des textes qui prétendent témoigner d'une inspiration plus haute que leur auteur, alors que le risque du faux témoignage pèse aussi sur ces paroles ?

L'antériorité du Livre sur les réflexions qu'il suscite ne signifie pas qu'il constitue un recueil de vérités à admettre. Il sollicite la pensée sans se laisser enfermer dans un discours spéculatif ou une théologie positive. La transcendance ne se démontre pas, sauf à disparaître pour faire place au régime des idoles. Or le faux témoignage trahit précisément cette idée : il ne menace pas seulement dans la volonté de tromper, il perce dans toute thématisation autoritaire du verbe prophétique, dans toute tentative d'échapper à son excès par le savoir et par le langage. A ce moment en effet, les signes – lettres et mots du texte – deviennent idoles, ils ne donnent plus à penser, ils enferment l'esprit dans un réseau d'affirmations qui ne souffrent pas la réplique. On sait de combien d'illusions et de perversions destructrices ce faux témoignage est la cause.

Mais, objectera-t-on, sous prétexte d'échapper au faux témoignage du dogmatisme qui revendique une connaissance de l'absolu, ne risque-t-on pas le relativisme ? La parole plurielle et le partage des opinions demandés par l'herméneutique du Livre peuvent-ils pallier cette accusation ? Comment le maître et ses disciples s'entendront-ils sans disposer d'un critère pertinent, ou d'une ligne de faîte, pour apprécier les interprétations des uns et des autres ? En effet, si l'interprétation ne « s'applique pas du dehors sur le témoignage, comme une violence qui lui serait faite », mais « veut être la reprise, dans un autre discours, d'une dialectique interne au témoignage [25] », comment juger de son bien-fondé ? Face à de telles difficultés, certains jugeront que seule une sagesse *critique*, qui limite les prétentions métaphysiques de la raison pure tout en traçant un chemin d'espérance à l'homme moral [26], a une légitimité philosophique. Celui qui ne renonce pas à l'idée de sagesse *inspirée* doit donc ne pas les esquiver.

Dressant le portrait de l'homme animé par l'esprit de sagesse (*ruah hokhma*), de conseil (*etsa*), de force (*gevourah*), de l'esprit de savoir et de crainte de Dieu (*ruah daat veiérat haChem*), le portrait de celui dont le peuple attend la venue, le prophète Isaïe (11.1-12) propose un critère afin de le distinguer de tous ses faux-semblants. Chacun, dit-il, percevra l'inspiration d'où provient la sagesse de cet homme, non parce qu'il parlera *de* Dieu ou tentera de justifier sa conduite en l'invoquant, mais parce qu'il « jugera les faibles avec justice, rendra des arrêts équitables en faveur des humbles du pays et du souffle de ses lèvres fera mourir le méchant » (v.4). Selon le prophète, l'esprit de sagesse animerait celui dont le verbe, sans faire retour sur soi – de façon désintéressée donc –, témoigne d'un souci de justice envers le faible et l'humble, envers ceux qui ne peuvent exiger réparation de l'iniquité qu'ils subissent, car ils sont sans pouvoir. Or cette attitude prend à rebours la conduite spontanée qui accorde davantage de respect à une parole pouvant se prévaloir de l'autorité donnée par une assise institutionnelle ou par un charisme propre – même si cette parole est mensongère – qu'au verbe de la faiblesse, fût-il véridique. Chacun sait bien que ce verbe se voit le plus souvent étouffé, tourné en dérision et même brisé par la perversion. Le faible, accuse souvent le pervers, est coupable de l'iniquité qu'il subit, sa souffrance en appelle éventuellement à quelque compassion, mais non à la justice. Or, dit le prophète, la sagesse inspirée se manifeste précisément dans le refus de tout mensonge, elle se vit comme résistance à l'emprise des verbes accusateurs et bientôt destructeurs. Elle est, ajoute-t-il, présente dans le souffle qui fait mourir le méchant, ce qui ne signifie pas qu'elle cause la mort de certains individus – nul ne meurt en entendant une parole sage –, mais que la résistance spirituelle à toutes les formes de mensonge, fût-il paré des prestiges du pouvoir, finit – du moins est-ce l'espérance du prophète – par ébranler et détruire le consentement au mal, en soi et en autrui. Ce qui suppose que, par sa constance, la parole juste, en dépit de son manque de reconnaissance actuelle, ébranlera un jour la détermination du méchant et le convertira à elle. De façon plus dramatique, le second Isaïe (chap. LIII) verra dans la mort du juste, c'est-à-dire dans la transformation du témoin en martyr, la condition d'une éventuelle prise de conscience par les méchants du mal entretenu par leurs mensonges. Car ce mensonge n'est pas une erreur, il habite l'âme des faux témoins, et la fragile espérance de leur conversion passe par le destin tragique de celui qui leur a résisté, au risque de sa vie donc. Comme si seule sa mort pouvait atteindre, en son principe, la détermination au mal.

L'horizon de réflexion concernant la philosophie – ouvert par l'utopie messianique de ces textes – est alors le suivant : celui qui ne place pas la crainte du mal, commis ou consenti, au-dessus de ses interprétations et de ses spéculations perd le critère qui donne de discerner la fausseté ou la véridicité d'une philosophie, qu'elle accepte le témoignage de certains textes ou qu'elle revendique sa pleine autonomie. Ce qui ne dispense pas du travail herméneutique ou spéculatif – il ne constitue jamais un acquis et doit au contraire sans cesse être repris –, mais ce qui demande de le juger – aussi – à l'aune de l'esprit de sagesse. Une sagesse dont l'attention soutenue envers toute forme de *faiblesse*[27] ne souffre pas la compromission avec le faux témoignage de l'intelligence oublieuse du mal qu'elle fait ou laisse faire. Or cet oubli menace sans cesse, son ombre voile déjà les interprétations les plus édifiantes des versets comme les élaborations conceptuelles les plus rigoureuses. Certains s'efforcent, certes, de rester fidèles à cette sagesse, mais aucun maître n'existe qui puisse se prévaloir de l'accomplir en vérité, elle trace seulement le chemin d'une exigence indispensable, au cœur du travail herméneutique.

Selon le prophète, l'attention portée à la faiblesse, le souci de la justice qui lui est due orientent donc la pensée du véritable témoin du Nom. Cette attention et ce souci, parce qu'ils tournent le sujet vers l'autre, dans un mouvement qui ajourne le retour vers soi tant que la terre est couverte de honte et que les pleurs demeurent sans consolation, permettent de discerner la présence de l'esprit de sagesse (*ruah hokhma*) chez un homme. Esprit que le prophète associe à la crainte du Nom (*iérat haChem*), ou à l'altérité d'un Dieu qui commande de se tenir en proximité de la fragilité des hommes et de la désolation de la terre (*Is.* 24), comme si sa gloire se rencontrait là, dans cette absence de puissance. La sagesse se manifesterait, dès lors, non par des hauteurs de vue spéculatives, mais par la capacité de discerner le visage singulier de la faiblesse, ici et maintenant, de lui donner voix et d'en répondre. Ce qui ne signifie pas condamnation ou mépris de la spéculation ou du travail herméneutique, mais appel à leur mise à l'épreuve, c'est-à-dire à leur vérification : vers quoi ou vers qui orientent-ils l'attention de ceux qui s'en réclament ?

L'INSPIRATION DU PHILOSOPHE

Cette question sert de critère pour apprécier les interprétations différentes données aux versets et pour échapper aux menaces, contradictoires mais solidaires, du dogmatisme et du relativisme. Elle fait en effet mémoire d'une signification antérieure au sens que la raison confère aux choses – celle du bien exigé par la faiblesse – et elle dit que personne ne constitue, par soi-même, la mesure du vrai et du faux puisque les efforts de pensée sont à juger à partir de cette première signification. Ainsi, l'intelligence d'un homme ne l'autorise pas à décréter la vérité définitive des versets qu'il étudie, elle l'invite plutôt à se confronter à l'altérité des opinions en se souvenant de cette question et de l'inévitable dérangement qu'elle provoque dans l'ordre du savoir. Il renonce alors à « avoir » le dernier mot, car entendre cette question reporte toujours à plus tard ce moment ultime. Nul ne peut « avoir raison » tant que la persistance de la faiblesse, sans mot dire, sans gestes de revendication ou de provocation, interroge – par sa seule existence – les concepts de l'homme et défie leur pouvoir. Celui qui n'esquive pas cet appel réalise que sa sagesse reste encore très approximative. Mais il découvre aussi le critère qui, par-delà le conditionnement culturel des significations, oriente l'effort de pensée vers l'absolu.

Comment, cependant, objectera le philosophe qui n'accorde sa confiance qu'à la raison, trouver *dans le texte* cette orientation, qui réfute à la fois le dogmatisme des sagesses prématurées et le relativisme des opinions supposées équivalentes ou propres à un contexte culturel particulier ? Suffit-il vraiment de plaider la cause de la faiblesse et d'apprécier une philosophie selon l'optique de la crainte du mal qu'elle accepte ou encourage pour discuter des opinions ou des systèmes de pensée ?

La réponse des maîtres de la tradition hébraïque à cette légitime contestation passe par une exigence que peu de philosophes acceptent : celle précisément de rouvrir le texte et d'interroger sa *lettre*. C'est en effet, pour eux, cette *lettre* qui, dans sa propre faiblesse, veille sur l'orientation de l'esprit et l'empêche de s'égarer dans des spéculations sans ancrage. Si les versets n'imposent aucune vérité et demandent une interprétation toujours à renouveler, afin précisément d'éviter le risque de figer le sens dans un dogme, la lettre ne permet pourtant pas de dire n'importe quoi sous prétexte de l'autorité du texte. C'est la *tradition* de lecture fondée sur l'attention *présente* à la lettre – malgré la longueur de l'histoire qui sépare de sa donation – qui permet que les *hidouchim*, les renouvellements de sens, gardent une orientation commune. Dès lors, le travail du maître et du disciple s'ouvre à la possibilité d'une parole plurielle, qui, sans virer au relativisme, déploie des significations vivantes pour ceux qui, aujourd'hui, prennent au sérieux la tâche de la pensée.

Que signifie cette tradition de lecture de la *lettre* ? Quel rapport entretient-elle avec l'idée que le bien dû à la faiblesse constitue l'orientation décisive de la réflexion ? Peut-elle concerner la philosophie ?

La mémoire du disciple

L'étude constitue une valeur sans égale dans la tradition hébraïque. « Le monde ne se maintient que grâce au souffle (*hevel*) des enfants qui vont à l'école », dit R. Lakish au nom de R. Juda le Nassi, dans le Talmud (*Chabbat* 119b). C'est pourquoi, ajoute-t-il, « on n'interrompra jamais l'étude des enfants, même pour rebâtir le Temple », car sa reconstruction, pourtant liée à l'espérance des temps messianiques, perdrait toute signification si elle se faisait dans l'abandon de leur enseignement. La pureté de ceux qui restent épargnés par les fautes, précise Abaye, prévaut en effet sur le souffle de ceux qui ont connu le péché. L'intelligence des interprétations et des discussions, souvent abîmée par lui, ne suffit pas à garder le monde, elle a besoin de s'adjoindre la force du souffle des enfants qui, pour la première fois, découvrent les lettres, comme si la pureté de leurs questions faisait contrepoids au ferment du mal qui s'insinue partout en ce monde, même dans l'étude. Les germes du malheur croissent avec chaque négligence en ce domaine, avec chaque parole d'impatience ou de mépris envers ceux qui savent moins que soi. « Une ville dont les enfants ne vont pas à l'école sera détruite », insiste R. Lakish dans cette même page du Talmud, une page consacrée à une discussion des raisons, toutes d'ordre moral, de la destruction de Jérusalem. Il ne semble pas en effet aux sages que la force brutale ou l'hégémonie d'une puissance extérieure puissent venir à bout d'une cité si celle-ci n'a pas déjà, en elle-même, consenti au mal.

Or ce consentement commence par le désintérêt de l'étude et de la transmission. Inversement, l'espérance de temps moins éprouvés, voire rédimés, se renouvelle avec chaque enfant qui dirige ses pas vers l'école. « Ne touchez pas mes oints, ne faites pas de mal à mes prophètes », dit le psalmiste (105.15). « Mes oints », ce sont les enfants qui vont à l'école ; « mes prophètes », ce sont les disciples des sages, affirme R. Juda au nom de Rab (*Chabbat* 119b), en donnant ainsi une signification messianique à l'étude puisque l'oint – le roi ou le prêtre qui a reçu l'onction d'huile – n'est autre que le Messie (*mashiah*). Le monde ne peut penser se libérer de la domination du mensonge, de la violence et du meurtre si les enfants et les disciples des sages sont maltraités ou manquent à leur tâche. Ce qui explique pourquoi « la sainteté de la maison d'études est plus considérable que celle des synagogues » (*Meguila* 27a). Une piété privée du soutien constant de l'étude risquant, pour ces sages, de s'égarer dans un enthousiasme ou une routine étrangers à la sainteté.

L'importance de l'étude vaut pour toute la vie, nul ne peut s'en dispenser, une fois passé un certain âge, et vaquer à ses occupations, libéré de son souci, c'est-à-dire dispensé de l'inquiétude pour les significations encore en attente dans les versets. « Devant le tribunal céleste, on répond, en premier lieu, de la façon dont on a étudié la Loi, et ensuite de toutes ses actions », affirme Maimonide. Nul n'est certes obligé de terminer sa tâche, mais nul n'a la liberté de l'interrompre, de son plein gré, avant le temps [28]. D'ailleurs, « dès qu'on cesse de s'adonner à l'étude de la Torah, on se met à l'oublier [29] », et les versets abandonnés semblent désertiques. Les significations de la parole donnée, de cette parole qui a pris corps dans la lettre, ne se révèlent que lorsque l'homme, qu'il soit maître ou disciple, répond à la sollicitation *présente* des versets. Or, pour cela, la discussion s'avère indispensable qui permet d'éviter le risque d'une dégradation de la pensée en routine, en dogmatisme ou en certitude exaltée d'être le messager de la vérité. Cependant, lorsqu'elle oppose, par exemple, deux maîtres dans leur interprétation d'un certain verset ou d'un fait – la destruction de Jérusalem, dans la page du Talmud précédemment citée –, cette discussion (*mahloquet*) ne se confond pas avec un affrontement destiné à donner raison à l'un au détriment de l'autre. Elle cherche plutôt à apercevoir la profondeur d'un sens dont nulle conscience solitaire ne détient la clé et à inquiéter celui qui prétendrait le contraire. Ainsi, lorsqu'il s'agit d'une interprétation directe de la lettre d'un verset, il convient de citer des opinions différentes non pour avoir raison d'elles, mais pour dégager un fragment (*heleq*) de sens encore inaperçu [30]. Très souvent, les sages s'efforcent de faire entrer un verset en résonance avec des versets différents, apparemment situés dans un contexte tout autre, car cette référence ou ce rapport des textes entre eux ouvre une perspective nouvelle sur chacun d'eux. Les maîtres du Talmud font ainsi participer les versets bibliques à des réflexions dont le sujet semble très éloigné de leur contexte d'origine. En étant requis pour expliquer un sujet qui, de prime abord, n'a pas de rapport avec eux, les textes cités reçoivent pourtant, en retour, un éclairage nouveau, mais qui reste ouvert à d'autres possibilités.

L'attention à la lettre du texte requiert donc sans cesse la pensée. Contrairement au rêve, illusoire, d'une philosophie sans présupposés, les sages ne sont pas en quête d'une première vérité ou d'un point de départ radical à partir duquel réfléchir. Ils partent d'un texte déjà là, d'un langage et d'un sens déjà là, ils ne le posent pas. Mais ce texte, ce langage et ce sens n'ont pas l'autorité de ce qui impose silence et soumission, comme le dit Ricœur à propos du symbole, ils donnent à penser [31]. Leur don précède la vie de l'esprit et l'appelle en même temps puisque, contrairement à un manuel qui transmet des informations techniques par exemple, ils ne disent jamais uniquement ce qu'ils veulent dire. Tels sont les textes inspirés, leur intentionnalité n'a pas l'évidence de ce qui ne souffre plus discussion, et leur dynamisme se révèle au fur et à mesure de leur questionnement par des esprits singuliers. Ce questionnement ne vise pas une pure et simple rationalisation, car celle-ci équivaudrait, tôt ou tard, à signifier son congé au langage du texte. La pensée s'efforce plutôt ici de demeurer fidèle à la lettre et à une tradition de lecture très ancienne, mais elle revendique aussi la liberté de promouvoir un aspect du sens resté inédit.

Dès lors, dans cette perspective, le précepte talmudique – « Fais-toi un maître (*rav*), acquiers-toi un compagnon d'étude [32] » – ne doit pas se comprendre comme ordonnant au disciple de se soumettre, sans mot dire, à une autorité qui détiendrait le sens des versets. Il s'agit d'une mise en garde contre les méfaits d'une approche solitaire de l'étude, car celui qui s'isole, sans orientation préalable par la parole d'un maître qui, avant lui, a vécu en intimité profonde avec les textes, risque de s'égarer dans l'orgueil de qui croit que le sens commence avec lui. Les égards dus au maître sont certes incompatibles avec la désinvolture de celui qui le salue par un simple *chalom*, conteste ses propos ou les transforme. Agir ainsi provoque d'ailleurs le retrait « de la présence divine (*Chekhina*) », enseigne R. Eliezer dans le Talmud (*Berakhot* 27b). Le disciple, par le peu de cas qu'il fait de la personne et de l'enseignement du maître, signifie son congé à cette présence, car il montre qu'il refuse d'écouter la parole d'un autre que lui-même. Dès lors, pour ne pas prêter attention à ce que l'enseignement du maître pourrait éveiller en lui, il le traite d'anodin ou l'étouffe [33] en lui substituant d'emblée ses propres mots. Cependant, le respect attendu du disciple n'implique pas la soumission de son esprit. Ce respect atteste, devant tous, sa reconnaissance envers son maître, envers celui qui a éclairé son regard – fût-ce en lui expliquant une seule *michna* [34]. Ce respect signifie aussi qu'il accepte le don reçu. Le maître, de son côté, doit s'abstenir d'enseigner la Torah à un disciple indigne, car « c'est ajouter une pierre au tas que d'accorder à un fol de la gloire » (*Prov.* 25.8), la gloire désignant ici la Torah [35]. Or le disciple indigne n'est pas celui qui comprend mal ou difficilement mais, selon le Talmud (*Taanit* 7a), celui dont les qualités morales restent en deçà de l'effort intellectuel. Il risque en effet de se prévaloir de ce qu'il sait pour justifier sa conduite mauvaise ou pour démentir par son comportement ce que ses lèvres disent et discréditer ainsi, aux yeux de tous, les paroles apprises du maître.

Le disciple sait qu'il n'est pas au commencement du sens, mais cela ne veut pas dire qu'il se contente de répéter ce que le maître lui a dit et de l'imposer à son tour avec l'arrogance de celui qui prétend savoir. Ces temps de stérilité

L'INSPIRATION DU PHILOSOPHE

et de violence menacent pourtant dès que les hommes confondent tradition et certitude rassurante. Dès qu'ils cherchent à chasser l'inquiétude et le tourment inhérents à la vie de l'esprit, plutôt que de s'efforcer de comprendre leur sens à la lumière d'une parole qui n'est pas destinée à endormir. Or une tradition ne répond à cette attente qu'à condition de son interprétation continuée, autrement elle se dégrade, provoque la stupeur de l'esprit, et l'héritage de mots se transforme en héritage d'idées pesantes car inanimées. La mémoire du disciple, riche des paroles qui lui ont été transmises, doit donc devenir promesse d'interrogation nouvelle de ces mots et de ces paroles qui disent toujours davantage que ce qu'une conscience en retient dans le présent fugitif de ses jours. Mais, pour qu'elle en devienne capable, il faut d'abord qu'elle ait longuement écouté et étudié les paroles des maîtres. « Si vous écoutez, vous écouterez » (*Deut.* 11.13) ; le Talmud commente ce verset ainsi : « Si vous écoutez des paroles anciennes, vous pourrez écouter des paroles nouvelles. » C'est parce que votre mémoire sera au diapason des multiples voix qui, dans le passé, ont scruté la lettre, que vous pourrez, à votre tour, la scruter de façon créatice. R. Eléazar enseigne encore : c'est parce que vous l'étudierez de façon désintéressée (*lichma*) – et non pour en tirer quelque profit personnel – que votre création sera sous le signe de la bonté (*Soucca* 49b). Comme si, sans la bonté, même l'exactitude dans le raisonnement et la précision dans la définition des concepts ne pouvaient donner le sens de la sagesse.

Le consentement à partir d'un texte et d'une tradition interprétative ne revient pas à signifier sa mort à la pensée, mais implique une certaine idée du langage et de la philosophie qu'il appelle. Les innombrables commentaires suscités par la lettre de la Torah montrent que, pour les sages en tout cas, le sens de cette lettre ne s'épuise pas par un traitement scientifique du langage. Davantage, les sages commencent à réfléchir là où celui-ci finit, et les philosophes qui s'exercent à l'herméneutique d'un texte, mythique, poétique ou prophétique en font autant. Les uns et les autres supposent donc qu'un seul et même texte peut avoir plusieurs significations, historique, morale ou métaphysique, par exemple. Or cela induit une idée du *signe* différente de celle qui a cours dans un traité de logique. Dans l'optique herméneutique, en effet, la polysémie du signe, linguistique en l'occurrence, ne constitue pas un obstacle à la réflexion mais, au contraire, une invitation à l'approfondir. Le logicien juge que l'équivocité s'oppose à la compréhension, qu'elle est confusion, l'exégète par contre y voit un surcroît de sens [36].

Une philosophie qui cherche la clarté et la distinction en toute chose risque de ne retenir que les arguments du logicien. Le concept, contrairement au symbole ou à la lettre d'un texte mythique, poétique ou prophétique, cherche à dire *une* chose et à élaborer une argumentation rigoureuse dont chaque point dit également *une* chose. La philosophie rejettera donc l'idée d'herméneutique comme étrangère au véritable travail de la raison que, souvent, elle prétend être seule à honorer. Mais cette réprobation de l'entreprise herméneutique se justifie-t-elle ?

Le Midrach [37] rapporte cette ultime prière de Moïse : « Maître de l'univers ! Tu connais l'esprit de chaque individu. Les esprits de tes enfants diffèrent tous les uns des autres. Maintenant que je vais les quitter, nomme un homme capable de les supporter chacun selon ce que son tempérament requiert, comme il est dit : " Dieu *des* esprits (*harouhot*) de toute chair institue un homme (*ich*) au-dessus de cette communauté " » (*Nb.* 27.15). Le texte ne dit pas *de* l'esprit mais *des* esprits. La pluralité des esprits ne signifie pas un mal regrettable puisque, selon le verset cité par le Midrach, elle provient de Dieu. Si elle suscite des difficultés dans la vie commune, elle n'est cependant pas à bannir, en particulier sur le plan de la pensée. Celui qui s'efforce de le faire avoue simplement son impuissance – en politique comme dans la transmission, spirituelle ou philosophique, par exemple – à accepter que la pluralité soit autre chose qu'un mal à vaincre, il manifeste qu'il n'est pas homme (*ich*) apte à la diriger.

Irréductible cependant au pur et simple relativisme, la pluralité des esprits reste constamment, dans la tradition juive, orientée par l'unité d'un texte. Elle est requise comme condition du déploiement du sens inscrit dans la lettre (*ot*) ou le signe (*ot*) qui, dans l'équivocité, le laisse entrevoir, comme si une conscience solitaire ne pouvait jamais, à elle seule, penser toutes les implications de cette équivocité. Mais le discours rationnel, dans la rigueur de ses déductions et la clarté de ses concepts comme dans son désir de s'en tenir à la sobriété d'un discours univoque, n'est-il pas par là mis en péril ? La philosophie ne se méfie-t-elle pas à juste titre de cette entreprise ?

La rationalité ne disparaît pas pourtant dans l'herméneutique, elle demeure une exigence de l'interprétation, du moins tant qu'elle garde le souci de partager avec autrui la médiateté du travail d'une véritable *pensée*, et non l'immédiateté le plus souvent illusoire d'une intuition, ou la facilité d'une émotion, d'une passion ou d'un délire. Mais cette rationalité ouverte sur la transcendance d'un texte qui, lui-même, ne parle pas le langage du concept ne prétend pas que le sens commence avec elle. Elle cherche donc à lire et à écouter avant de s'adonner à la quête du concept et de la théorie et, lorsqu'elle le fait, c'est aussi en sachant que ce qu'elle comprend, grâce au Dit rationnel, ne saisit qu'un fragment du Dire ou du sens. La discussion à propos d'une interprétation, ou du bien-fondé d'un point de la Loi, relève d'un exercice de la raison – et non du pur imaginaire –, mais, contrairement au dispositif d'une argumentation philosophique, les thèses en présence cherchent leur justification dans le texte. La formule « d'où savons-nous que... ? », si fréquente dans les échanges talmudiques, se conclut toujours par une citation d'un verset biblique, qui se trouve dès lors sollicité pour répondre à un problème semble-t-il sans rapport avec son contexte originel. Pourtant, en retour, cette sollicitation, parfois étrange, suscite un éclairage inédit, et encore partiel, sur le verset.

Ainsi, par exemple, lors d'un procès, la parole d'autorité ne suffit pas pour donner raison à l'un au détriment de l'autre, le disciple a même le devoir de corriger son maître s'il s'aperçoit que celui-ci a commis erreur. Mais cette obligation ne provient pas d'une décision prise en toute autonomie, elle se fonde sur une interprétation des versets. « R. Yehouchoua fils de Qorha dit : " D'où savons-nous qu'un élève, se trouvant en présence de son maître, voit un argument favorable pour le pauvre et un argument défavorable pour le riche (et que le maître s'est trompé), d'où savons-nous qu'il ne doit pas garder le silence (par respect pour son maître) ? C'est parce qu'il est dit : 'Vous ne devez avoir peur de personne' " (*Deut.* 1.17). R. Hanin explique ainsi : tu ne " rentreras tes paroles " devant personne » (*Sanh.* 6b). Les versets et leurs significations possibles demeurent l'horizon de toute discussion, même quand il ne s'agit pas – comme dans ce cas de litige entre un pauvre et un riche – de commenter ou d'interpréter le texte pour lui-même. Cet horizon ne dispense pas de réfléchir, il appelle au contraire une pensée et un raisonnement toujours sur le qui-vive puisque aucun Dit – fût-il celui d'un maître éminent – ne parvient à épuiser le Dire.

Cette exigence de pensée et de raisonnement ne suffit cependant pas à calmer l'inquiétude et l'irritation des philosophes. C'est en effet l'horizon même de ce texte qui semble à beaucoup incompatible avec la rationalité philosophique. Pourquoi, objecteront-ils, vouloir penser et juger en référence à lui ? La philosophie ne commence-t-elle pas, précisément, au moment où elle s'émancipe de toute orientation obligée ? Parmi les philosophes, même ceux qui admettent que l'herméneutique des textes bibliques implique un véritable travail de réflexion raisonnée et un enrichissement de la pensée – plutôt que l'obscurantisme de l'esprit et la soumission dangereuse à l'autorité de quelques personnes – ne manquent pas de signaler la frontière qui sépare ce travail de la philosophie. Celle-ci se voit alors définie comme une reprise spéculative de ce que l'herméneutique a pu découvrir dans telle ou telle tradition textuelle.

Ce souci de la frontière se veut raisonnable, il cherche à défendre l'autonomie de la réflexion philosophique, quels que soient les textes qui, le cas échéant, lui ont « donné à penser ». Plutôt que d'entretenir l'illusion de n'avoir aucun présupposé, la philosophie devrait même voir dans ses sources non philosophiques le gage de sa réussite. « La philosophie doit peut-être avoir des présupposés qu'elle remet en question et résorbe critiquement dans son propre point de départ. Qui n'a pas d'abord des *sources* n'a pas ensuite d'*autonomie*[38]. »

Ce partage entre la philosophie et son autre défend les droits d'une pensée autonome, critique et réflexive, à l'instant où il reconnaît une certaine légitimité aux sources textuelles non philosophiques qui inspirent un philosophe. Il veut apaiser le conflit entre les artisans du concept et les lecteurs de textes poétiques, mythiques ou prophétiques ; en mettant un terme aux anathèmes, il rend possible une parole entre les uns et les autres. Cette ouverture va cependant de pair avec le désir de veiller à des frontières balisées par l'idée d'autonomie de la raison propre à la philosophie. Que penser alors de ces frontières et de cette autonomie ? Constituent-elles des principes interdits au questionnement ?

V.
Retour au verbe

L'histoire conflictuelle des rapports entre philosophie et lecture des textes inspirés suppose généralement, du côté de la philosophie, la certitude qu'à moins d'une « reprise » conceptuelle le sens éventuel de ces textes n'intéresse pas la raison. L'herméneutique comme telle n'aurait d'ailleurs pas sa place dans une philosophie qui s'octroie le privilège du questionnement en refusant de faire place, au cœur de son discours, aux interrogations de l'altérité. C'est ce que montre, par exemple, l'empressement de Kant à récuser l'idée qu'il tirerait son inspiration d'une lecture de la Bible, lorsque, après une analyse du caractère incompréhensible du mal moral, il écrit : « Ce qui est dit ici ne doit pas être considéré comme un commentaire de l'Ecriture, lequel reste en dehors des limites de la compétence de la simple raison [1]. » L'altérité du verbe inspiré des prophètes demeurerait donc étrangère à la philosophie tant qu'il refuserait de s'assagir et d'entrer dans un Dit rationnel qui mettrait un terme à sa démesure.

Inspiration et démesure, souvent assimilées à un imaginaire néfaste par la philosophie, menacent en effet les concepts, elles leur font perdre toute stabilité et toute assurance. Leur intrusion dans le champ conceptuel risque d'entraîner l'intelligence sur des pistes illusoires, il est donc préférable de poser des frontières et d'exiger du philosophe qu'il les respecte. Ce qui, traditionnellement, va de pair avec une méfiance envers tout verbe qui n'a pas encore acquis ses lettres de noblesse conceptuelle et qui, dès lors, se contente de suggérer une pensée ou de l'évoquer, mais sans la comprendre véritablement et sans la faire reposer sur une argumentation qui puisse convaincre un interlocuteur. La philosophie prétend en effet, depuis Platon, poser les bases d'une transmission qui fasse fi de l'argument d'autorité pour en appeler à une raison commune aux personnes, quelles que soient leurs traditions culturelles et textuelles. Outre leur penchant à l'imaginaire, elle reproche ainsi aux textes inspirés leur particularisme et leur incapacité à s'élever à l'idée d'universalité.

Des frontières qui ne laisseraient rien passer de l'altérité ne condamneraient-elles pas cependant le philosophe et l'herméneute des textes inspirés à une aridité regrettable ? Il n'est d'ailleurs pas certain que le philosophe, même s'il s'en défend, ne soit pas, lui aussi, instruit par ces textes, comme il n'est pas exact de soutenir que l'herméneute ignore l'argumentation raisonnée pour s'en tenir à la facilité de la soumission à l'autorité. La logique talmudique, comme il sera montré dans ce chapitre, obéit à des règles strictes, peu compatibles avec un pur et simple imaginaire ou un quelconque laisser-aller dans le domaine de la pensée, même si la pluralité persistante des opinions bouscule l'exigence rationnelle d'unité. Enfin, l'idée que l'universalité soit le privilège de la philosophie souffre discussion, et le sens du partage, par tous les hommes, de ses catégories et de ses concepts reste en tout cas un idéal à préciser.

Il arrive d'ailleurs, pour le bien réciproque du philosophe et de l'herméneute, que la délimitation stricte des frontières à l'abri desquelles l'un et l'autre sont censés exercer leur activité soit remise à jour et qu'une tension féconde prenne le relais des anathèmes ou du mépris. Du consentement à laisser sa propre parole être éprouvée et inquiétée par celle de l'autre résulte en effet un effort renouvelé pour penser, effort évidemment préférable aux intimidations. Cela ne signifie pas la disparition de toute frontière et la venue d'une confusion qui désoriente chacun, mais cela implique une réflexion sur l'identité du sujet philosophe. Pourquoi cette identité devrait-elle se défendre, avec une détermination souvent violente, de l'intrusion, dans son domaine « propre », de l'altérité de certains textes de l'humanité comme d'une menace qui la met en question ? L'identité du sujet philosophe ne se préserve-t-elle vraiment que par la constance d'un mouvement de retour à soi rebelle à l'altérité et soucieux de son autonomie ? Ou bien peut-on penser un philosophe privé d'une identité définie en référence à un « genre » de réflexion et étrangère aux classifications du savoir ? Peut-on penser un philosophe dont « le retour à soi se fait détour interminable [2] » ? C'est-à-dire un philosophe inspiré par l'altérité d'un Dire irréductible aux Dits, altérité qui ne lui permet pas le repos dans une essence ? Et, si cela s'avère possible, pourquoi continuer à tenir au nom de philosophe ?

L'épreuve du verbe

Le verbe poétique trouble l'ordonnance des concepts, une certaine sécheresse serait même la condition de la philosophie, qui, dans ses formes les plus radicales en tout cas, cherche à s'en tenir à l'expression logique de la pensée. C'est selon cette perspective que Wittgenstein affirme par exemple, dans le *Tractatus logico-philosophicus*, l'impossibilité de représenter par le langage « quelque chose de contraire à la logique [3] » et exclut l'idée qu'une proposition soit capable d'énoncer l'essence d'une chose. Il demeure certes « de l'inexprimable », remarque-t-il, mais, précisément, il ne se dit pas, il « se *montre*, il est l'élément mystique[4] ». Une philosophie « rigoureusement juste » ne peut donc le prendre en compte, elle ne parle pas de ce qui ne peut se dire, elle doit le taire. La tâche philosophique consiste dans une investigation des limites du langage qui sont aussi celles du monde puisque « la logique remplit le monde[5] ». Le souci ascétique propre au langage philosophique trouverait ici sa justification extrême, et ce serait pour son illogisme – son absence de sens – que le discours métaphysique, mais aussi éthique, se verrait exclu. En effet, remarque Wittgenstein, aucune proposition ne peut exprimer quelque chose de plus élevé, il est donc clair « que l'éthique ne se peut exprimer[6] ».

La méditation, sévère et sobre, de Wittgenstein sur la rigueur du langage radicalise les germes d'une exigence constante chez les philosophes : ne pas se laisser séduire par la beauté du verbe poétique ou mythique, résister à l'élan de penser induit par la parole prophétique. Certes, bien des philosophes admettent, contrairement à Wittgenstein, une pluralité de formes de discours sensés, ils s'intéressent aux paroles non conceptuelles et ne refusent pas le titre de pensée aux contrées encore fragiles balisées par des mots ignorants de la rigueur théorique. L'éclair de sens induit par une métaphore, le déliement des mots provoqué par l'audace du verbe, ou la vibration nouvelle d'une proposition très ancienne grâce au souffle de celui qui lui confie son âme ne les font pas sourire. Ils ne reculent pas devant eux comme devant un balbutiement sans intérêt, car ils savent que ces paroles sont plus aptes que les concepts à toucher une existence humaine et, le cas échéant, à la bouleverser. « La parole nous atteint au niveau des structures symboliques de notre existence[7] », son écoute contribue à une modification d'être plus profonde que la réflexion spéculative ou normative trop étrangère au désir de l'homme. Il convient donc de lui faire place.

Cependant, même dans ce cas, le philosophe veille encore sur les frontières car, affirme-t-il, la pluralité des discours n'est source d'enseignement fécond qu'à condition de « légitimer chaque point de vue à l'intérieur des limites de la discipline qui lui correspond », autrement la fécondité cède la place à la confusion. Le discours philosophique doit donc veiller à rester indépendant « par rapport aux propositions de sens et de référence du discours poétique [8] » et ne pas perdre sa « spécificité ». La dimension réflexive, c'est-à-dire l'idéal de retour à soi et d'autonomie, demeure une limite infranchissable, mais, une fois celle-ci fermement posée, l'intérêt pour l'autre de la philosophie devient licite : il provoque la pensée et l'incite aussi à se frayer de nouvelles voies. L'épreuve du verbe ne détourne pas le philosophe de sa tâche, elle ne le livre pas, désemparé et nu, à l'énigme de l'altérité. Plus précisément, il refuse de succomber à cette épreuve et à la déstabilisation qu'elle provoque dans l'ordonnance de ses pensées. Il cherche donc à y mettre un terme en revenant à lui, c'est-à-dire à l'essence supposée de sa « discipline ». Il convient en effet que le retour à soi – au discours conceptuel maîtrisé et autonome – demeure à chaque instant possible afin que l'ouverture au verbe des poètes ou des prophètes ne vire pas en menace pour soi, pour son identité de philosophe. Il semble donc que la nostalgie du retour à soi habite d'ores et déjà cette attention, furtive ou durable, à l'étrangeté d'un verbe inspiré. Pour la plupart des philosophes, l'ouverture de la raison à son autre – le discours herméneutique – ne doit pas signifier un exil, mais un engagement à revenir à sa terre natale, enrichi par ce détour mais aussi autonome vis-à-vis des textes étudiés. Et si, dans la modernité en tout cas, « le discours herméneutique naît à partir de l'expérience de la crise non seulement des savoirs traditionnels, mais de la raison elle-même [9] », il ne s'agit pas pour autant de renoncer aux distinctions : raisonner *sur* des textes traditionnels, ou *à* *partir d'*eux, les constituer en *objets* de réflexion, maintient la distance entre la raison et son autre et n'équivaut en rien à douter de la pertinence *essentielle* des frontières. A l'horizon de la tolérance, voire de l'accueil positif de son autre par la philosophie – l'étude des textes religieux de l'humanité, par exemple –, demeure donc la hantise de la confusion et le désir de revenir à soi. A la façon peut-être dont on parle de retour à soi comme d'un réveil salutaire après avoir subi le bouleversement d'une passion, d'un délire ou, simplement, d'un évanouissement.

La raison se dresse contre tout ce qu'elle ne réussit pas à comprendre ; dans sa souveraineté et dans sa liberté, elle s'estime à la mesure de l'être, comme si elle gardait en elle, dans les replis de ses aptitudes spéculatives, le secret de son intelligibilité. Le retour à soi et l'abandon de l'altérité aux discours censés irrationnels ratifient cette prétention. « C'est cette adéquation du savoir à l'être qui fait dire, dès l'aube de la philosophie occidentale, que l'on n'apprend que ce que l'on sait déjà et qu'on a seulement oublié dans son intériorité. Rien de transcendant ne saurait affecter ni véritablement élargir un esprit. Culture de l'autonomie humaine et probablement, de prime abord, culture très profondément athée. Pensée de l'égal-à-la-pensée [10]. » Pour cette culture donc l'idée qu'un philosophe pourrait se laisser inspirer par des textes prophétiques n'est pas admissible, sauf si la raison, en toute autonomie, s'approprie leur sens.

La question se pose pourtant de savoir si, en dehors du respect des frontières et du souci des limites d'une discipline, ne commence rien d'autre qu'une confusion regrettable et stérile, dont il faudrait se délivrer en revenant à soi. L'idée que l'éveil de l'homme, ou son réveil, soit le corollaire obligé d'un retour ne souffre-t-elle pas discussion ? Ne suppose-t-elle pas une pensée du sujet et un privilège accordé à la question de l'essence qui, à tout le moins, mérite interrogation ? Une philosophie qui récuse les prétentions du retour à soi, comme toujours prématurées au regard de l'inspiration par l'altérité – ce qui ne signifie pas l'éloge de l'irrationnel –, ne trace-t-elle pas la voie à une pensée du sujet, inquiétante sans doute car inapaisée, mais, paradoxalement, plus éveillée ?

Il faut remarquer tout d'abord que l'herméneutique échappe à l'opposition entre tradition vivante – juive ou chrétienne, par exemple – et appropriation réfléchie. La première s'inscrivant dans un contexte régi par l'hétéronomie, la seconde revendiquant la pure autonomie de la raison. « Celui qui comprend n'est pas enlevé par la réflexion au contexte du devenir historique de sa situation herméneutique, en sorte que sa compréhension ne prendrait pas elle-même place dans cet advenir [11]. » L'herméneute admet qu'il n'a pas le premier mot du sens, puisque son activité suppose qu'il le cherche dans les textes qu'il étudie. Mais, par ailleurs, comme ses protocoles de questionnement sont tributaires de l'histoire, marqués par la finitude et incompatibles comme tels avec une pure autonomie, il doit savoir qu'il ne peut, en tout état de cause, que transmettre un fragment du sens. « C'est un mauvais herméneute, celui qui s'imagine qu'il pourrait ou devrait avoir le dernier mot [12]. » L'herméneute *n'a pas* raison, même s'il raisonne droitement, car la raison ne constitue pas une possession, et le sens ne s'ajuste pas définitivement à telle ou telle thèse. La raison s'efforce ainsi de limiter l'extravagance des significations des textes prophétiques et de les faire entrer dans un discours cohérent. Elle entend les astreindre aux conditions correctes d'une énonciation, mais peut-elle reconnaître que l'énigme qu'elle laisse en dehors de ses frontières continue d'inspirer la pensée en l'appelant sur une autre voie que celle d'une philosophie réflexive jalouse de son autonomie ?

L'INSPIRATION DU PHILOSOPHE

Une réponse positive implique une rupture avec le vocabulaire de l'essence car, dans ce cas, il ne s'agit pas de chercher à s'approprier ce qui inspire – un texte prophétique par exemple – et de prendre au plus vite le chemin du retour à un soi autonome, enrichi sans doute par ses lectures mais fondamentalement inchangé. Un soi dont l'identité d'homme de raison, capable d'apprécier les textes à leur juste mesure, est sauve. Il s'agit plutôt de penser comment l'altérité de la source qui inspire le philosophe réveille l'esprit en lui, alors qu'il croit pouvoir céder, en toute légitimité, à la tentation de l'autonomie pleine et entière du discours rationnel. Cette altérité l'affecte en effet d'un irréductible coefficient de « passivité qui ne se récupère pas dans une thématisation [13] », d'une blessure qu'aucun baume ne parvient à guérir et qui, dès lors, prohibe la fierté d'une telle prétention. Cette blessure, toujours à vif, rend impossible un retour à soi après avoir signifié son congé à l'altérité. Comme si, dès qu'un homme voulait rejoindre des rives plus sereines pour se mettre à l'abri de ses atteintes, prendre soin de lui et de ses pensées, et jouir de la raison comme de son bien propre, il réalisait la dérision de cette fuite en découvrant que l'altérité habite son intimité même. Il comprendrait alors qu'il lui faut « remonter à un psychisme autre que celui du savoir du monde » ou des essences, et réactiver la vie oubliée par le savoir scientifique et par l'ontologie, ainsi que le voulut déjà la phénoménologie. Il découvrirait en effet la transcendance dans l'immanence du psychisme ou, plus précisément, « l'événement même de la *transcendance* comme vie ». Et cette pensée ne cesserait de l'inquiéter, telle « une veille à la veille d'un réveil nouveau [14] ». Tel aussi le prophétisme de l'esprit soucieux de penser une philosophie qui, sans donner congé aux concepts, ne se lasse pas de chercher, par eux et malgré eux, le *langage* de la transcendance.

Descartes déjà, après avoir refusé avec véhémence que

l'altérité – le témoignage d'une tradition, celui des sens – puisse constituer une source d'enseignement, au point même de s'adonner au doute méthodique à son égard, découvrit pourtant qu'elle habitait son intériorité sous la forme d'une idée de l'Infini dont il se savait incapable d'être l'auteur. Mais ce philosophe de la clarté et de la distinction en toute chose ne se laissa pas longtemps troubler par elle dans un mouvement sans retour à soi. Au contraire, il tira argument de cette idée incommensurable aux capacités de compréhension humaine pour *prouver* l'existence de Dieu [15], et en maîtriser ainsi le coefficient d'étrangeté. Fidèle à son projet initial de ne pas « donner créance aux choses qui ne sont pas entièrement certaines et indubitables [16] » (*certa sunt atque indubitata*), Descartes situe en effet l'Infini, ou Dieu, comme une idée cruciale dans un système qui progresse de raison en raison mais qui, fondamentalement, ne met pas en cause la légitimité du mouvement de retour à soi. Sa découverte de l'Infini ne lui cause aucun traumatisme, elle l'assure au contraire du caractère licite d'un séjour en soi, un séjour dont la sérénité et la certitude rendent possible une avancée résolue vers la verité, sans crainte et sans tremblement.

Que dire alors d'une pensée inspirée par l'altérité, tenue en éveil par l'Infini auquel elle se découvre dédiée, si cette possibilité du retour lui échappe ? L'inspiration affecte en effet le raisonnement d'un indice de passivité irréductible, mais, loin d'équivaloir à une inertie ou à la mort de toute philosophie, cette passivité appelle plutôt la pensée sur la voie d'une extrême tension, d'une inquiétude qui n'autorise pas l'installation dans une thèse définitive. « La raison où les termes *différents* sont présents – c'est-à-dire sont contemporains dans le système –, c'est aussi le fait qu'ils sont présents à la conscience en tant que la conscience est représentation, commencement, liberté. » Mais qu'arrivet-il si la conscience découvre que son commencement est précédé par « ce qui ne saurait être présent – par l'irreprésentable [17] » ? Que devient la raison si l'altérité l'inspire sans entrer dans un thème ou un système ? Si elle ne peut jamais servir de *preuve* pour démontrer le bien-fondé d'une vérité ? Y a-t-il sens à parler de « raison anarchique » ou de « raison comme l'un-pour-l'autre [18] » ?

Dans leurs raisonnements, qui souffrent la comparaison avec ceux de maints logiciens, les sages du Talmud fraient la voie d'une réponse à ces questions. Leur acceptation d'un Livre révélé comme horizon de pensée ne les dispense pas en effet de raisonner, l'antériorité irréductible de la lettre ne cessant au contraire de tenir leur esprit en haleine. Aucune thèse dans le Talmud n'est définitivement assurée de l'emporter, car ses arguments sont aussitôt contestés et réfutés, parfois par celui-là même qui les a énoncés. « Le Talmud est pour nous comme un vaste océan. Ses arguments ressemblent à de hautes vagues dont les lois s'élèvent jusqu'au ciel pour redescendre ensuite dans les profondeurs. C'est grâce à ce mouvement que la vérité de la Torah se voit clarifiée et distillée. C'est ce qu'on appelle le chemin saint [19]. » Les raisons d'une thèse ou d'une idée soutenue par un sage ne se trouvent jamais acceptées d'emblée ; son éventuelle autorité morale ou spirituelle ne constitue jamais un argument décisif, surtout pas à ses propres yeux. Elles sont donc questionnées dans leurs moindres détails, par ses interlocuteurs ou par lui-même, chacun recourt aux arguments logiques et linguistiques susceptibles de l'ébranler ou de le confirmer. Si « le scepticisme qui traverse la rationalité ou la logique du savoir est un refus de synchroniser l'affirmation implicite contenue dans le Dire et la *négation* que cette affirmation énonce dans le Dit [20] », il semble que les discussions talmudiques n'en finissent jamais avec lui. Là où les philosophes cherchent à le réfuter afin d'avoir le dernier mot, afin que le Dit ait raison du Dire, ces sages savent que le Dire – le *langage* de la Torah et l'appel qu'il ne cesse de leur adresser – ne s'épuise jamais dans un Dit – dans une *idée* – sous peine d'idolâtrie. Le risque du scepticisme n'équivaut donc pas ici à celui de l'impiété, il doit être couru au contraire dès qu'une proposition s'affirme sans scrupule et chasse trop vite les doutes. Dès lors que le Dire n'est pas le simple corollaire du Dit, le risque du scepticisme s'impose en effet à tous ceux qui ne cherchent pas à l'oublier afin d'être plus libres d'attester que le savoir constitue l'unique mode de la vie spirituelle. « Le dire sceptique défait par la philosophie rappelle précisément la rupture du temps synchronisable, c'est-à-dire remémorable. » Il parle d'un préalable à toute pensée, d'un préalable inconnaissable car irrécupérable par une conscience qui cherche à saisir – ou ressaisir – les choses pour énoncer ce qu'elles sont. La trace du Dire « *n'appartient pas* au rassemblement de l'*essence* », mais elle oblige, elle tient en haleine. « Relation – ou religion – excédant la psychologie de la foi et de la perte de la foi –, elle m'ordonne de façon an-archique, précisément, sans jamais se faire – sans s'être jamais fait – présence ni dévoilement de principe [21]. »

Les modes de raisonnement talmudique – énoncé d'une proposition (*memra*), question (*chéela*) sur un point précis de cette proposition, réponse (*téchouva*), contradiction (*sétira*), réfutation de cette contradiction (*réaia*), difficulté (*qouchia*), résolution de la difficulté (*térouts*) – se fondent toujours sur des principes logiques, qui, semble-t-il, n'ont rien d'original. Malgré les apparences de simple juxtaposition ou de confrontation d'opinions entre sages, un ordre logique préside à ces discussions qui, souvent, ne trouvent pas de conclusion définitive – « la question est restée sans réponse », lit-on alors. Toute énonciation est soumise à examen, il faut « diviser chaque énoncé de telle sorte qu'on puisse en voir les détails, y réfléchir jusqu'au moment où l'on comprend bien le sujet et le prédicat ainsi que la catégorie de prédication qui est en jeu [22] ». Le style bref du Talmud rend ce travail difficile, car il manque souvent des maillons au raisonnement : celui qui l'étudie doit les reconstruire – avec l'aide des grands commentateurs, tel Rachi ou les Tossafot –, il doit savoir en effet que, malgré la concision du langage des rabbins, une grande pensée se cache dans chaque mot [23]. C'est pour la faire émerger que toute affirmation donne lieu à une série de déductions ou d'inductions et que son auteur est assailli de questions, sommé de donner ses « preuves ». Celles-ci se réfèrent à la logique interne du raisonnement ou à une convention admise par tous, soit parce qu'elle relève du sens commun, soit parce qu'il s'agit d'une tradition acceptée.

C'est évidemment sur ce point que le philosophe – s'il lui arrive d'ouvrir ces pages – trouvera argument pour exclure le Talmud de la philosophie : la raison ne peut en effet accepter sans se contredire qu'une tradition fasse autorité, elle réclame la liberté d'examen et d'appréciation. Mais qu'entendent exactement ces sages par « tradition acceptée » ? Il s'agit de « la Torah et des écrits des prophètes, des lois données directement à Moïse au Sinaï (non écrites dans la Torah) et des treize principes herméneutiques décisifs pour établir des règles pratiques [24] ». Tel est en effet l'horizon ultime de sens auquel les sages se réfèrent, horizon qui ne dispense pas de la tâche ininterrompue de l'étude puisque dire « tradition acceptée » n'équivaut pas – sauf quand la paresse ou la violence s'emparent des esprits – à dire « vérités acceptées ». Toute pensée d'ailleurs ne se fraie-t-elle pas une voie à partir d'une tradition qu'elle interroge et interprète ? La grande tradition de la philosophie réflexive constitue ainsi, pour bien des penseurs, un horizon qui ne cesse de féconder leur propre démarche. Cependant, pour les sages du Talmud, cette tradition se réfère, originellement et ultimement, à la parole (Davar) de

Dieu, parole ou « avant-propos des langues [25] » qui habite la finitude de la lettre et qui attend sa délivrance de la réponse humaine à son appel : « Interprète-moi ! » L'antériorité du texte qu'ils commentent ne les intimide pas pourtant, elle ne paralyse pas leur pensée, au contraire, elle ne cesse de l'appeler et d'en libérer le dynamisme à l'instant où elle somnole ou se réfugie dans des certitudes. Elle ne cesse d'enseigner qu'il ne faut pas dormir tout le temps que le langage excède l'idée.

Cet excès explique l'absence de pertinence d'un traité dogmatique et systématique de pensée juive. Il demande plutôt de réfléchir aux conditions d'une énonciation vivante de ce qu'il transmet.

L'âme et la chair des mots

La trace d'un désarroi radical – mais non d'une rupture entre verbe divin et parole humaine – hante le langage. C'est après la mise en garde divine concernant l'interdit de goûter aux fruits de l'arbre de la connaissance du bien et du mal, mais avant la transgression qui provoque l'exil de l'Eden, que l'homme nomme les créatures animales. Dieu les amena en effet devant Lui « pour qu'il s'avisât de les nommer ; et chaque espèce animée serait nommée par l'homme, tel serait son nom. L'homme imposa des noms à tous les animaux qui paissent, aux oiseaux du ciel, à toutes les bêtes sauvages » (*Gen.* 2.19). Il s'éveilla aussi à la conscience de la présence de la femme à ses côtés, et la nomma « *Icha* parce qu'elle a été prise de *Ich* » (*Gen.* 2.23). Puis vient la transgression. Or la faute affecte d'abord le langage puisqu'elle réside dans le mensonge – mensonge du serpent, de la femme et de l'homme [26] – sans pourtant le disqualifier totalement. La sanction ne porte d'ailleurs pas sur les mots puisque l'homme poursuit son œuvre de nomination. Immédiatement après l'énoncé des peines, « l'homme donna pour nom à sa compagne " Eve " (*Hava*), parce qu'elle fut la mère de tous les vivants (*haia*) » (*Gen.* 3.20). L'un et l'autre continueront à parler, à se parler et à répondre, mais sur leurs mots pèsera désormais la grande ombre d'une angoisse. Les mots humains peuvent-ils encore éclairer sur les êtres et les choses, conduire à la vérité et transmettre l'orientation propre à l'unité du verbe divin, alors que la fragmentation de la vérité et du sens, inhérente aux mots et à la multiplicité des personnes, prolonge l'exil ?

Que le langage ne soit pas condamné – au point même que le premier acte de l'homme après la faute, qui abîme sa relation au Créateur et, par là, à l'harmonie réciproque de leur verbe, soit de reconnaître sa compagne et de la nommer – allègue la fatalité d'une réponse négative à cette question. Mais comment alors s'orienter encore vers ce Créateur qui place des chérubins « pour garder les abords de l'arbre de vie » (*Gen.* 3.24) s'il est vrai que les mots aussi prennent le chemin de l'exil ? En évoquant la reconnaissance et la nomination de sa compagne par l'homme à l'instant de quitter l'Eden, le texte n'indique-t-il pas une voie ? Ne suggère-t-il pas que le meilleur viatique pour traverser l'exil, le seul qui permette de ne pas se résigner à lui comme à un destin sans retour, réside dans la nomination de l'un par l'autre ? Comme si la quête de la vérité demeurée en Eden passait par la parole vive qui, émue et bouleversée dans ses certitudes, exprime au prochain la reconnaissance de son altérité.

« Qu'est-ce qui aide le mieux à reconnaître le fait de l'Un sous la broussaille des signes, sinon de consentir quelque chose de transcendant, de sacré, à cet autrui, près de nous, que le discours ordinaire est si vite enclin à réduire à simplement l'idée que pour l'instant il en a, c'est-à-dire à une abstraction, dont on pourra disposer ? L'attestation de l'Un ne peut qu'être d'emblée en nous la reconnaissance de l'Autre, puisque celui-ci est autant que quoi que ce soit sur terre le lieu de son émergence [27]. » Nommer quelqu'un signifie alors le consentement à se tenir devant lui comme face à une énigme irréductible à toute compréhension conceptuelle et pourtant source d'une irremplaçable promesse de sens. En effet, même lorsque, comme fréquemment dans la Bible, elle cherche à se fonder sur une étymologie censée poser une équivalence entre le nom et le « propre » d'une personne, la nomination ne désigne pas les attributs d'une essence, elle appelle au contraire une vie à émerger des limbes qui l'y retiennent captive. Le nom ne rive pas à un destin irrémédiable, il ne soumet pas une vie à l'emprise d'une vérité préétablie, mais appelle – telle est la vocation – une personne à donner au monde sa part unique de lumière en s'arrachant, chaque jour à nouveau, à l'ancrage, rassurant mais désastreux, dans l'anonymat d'une essence. Comme si, en répondant à l'appel de son nom, l'homme était délivré de la tentation mortelle de se perdre dans une essence ou de s'identifier à quelque image de lui-même qui le guérirait enfin de la blessure de ne pas coïncider pleinement avec soi. En suspendant cette hantise, la réponse à l'appel révèle à l'homme qu'il n'a aucune chance de *se* trouver en *se* cherchant dans une essence ou une image, mais qu'il lui faut au contraire s'en dessaisir et se laisser orienter par cet appel. Laissant là le rêve fallacieux et violent d'une identité définie en termes d'essence, il s'éveille alors au sens de son unicité et de sa vérité – ce qui ne signifie pas qu'il sait *se* définir, mais qu'il devient capable d'offrir au monde une part de cette promesse de sens qu'annonce la présence de chaque personne humaine. Et c'est parce qu'il la donne qu'il la découvre, sans avoir besoin de faire retour sur lui-même. L'analyse, par Benjamin, du nom propre comme « verbe de Dieu sous des sons humains » ou comme signe de la communauté d'un homme « avec le verbe *créateur* de Dieu » trouve peut-être là l'une de ses significations [28]. En effet, seules l'entente du nom propre et la réponse à l'appel – toujours venu de l'autre – rendent à la vie, quand la solitude, désespérée ou fière, met son emprise sur l'âme. Le nom propre prépare à penser le secret de l'humain en référence à l'altérité ou, comme le dit la tradition hébraïque, en se servant d'un mot qui veille précisément sur l'altérité, en référence au Nom. Comme si, malgré les nuits privées de toute sollicitude que tant de personnes subissent, seule la grâce de s'entendre appelé rendait l'espérance. Cette grâce reste souvent imperceptible dans le vacarme du monde et la revendication du savoir, mais l'homme en retrouve le chemin par l'étude, la prière et le service du prochain, c'est-à-dire par les diverses modalités de la rencontre de l'altérité. Il comprend alors que le nom de l'homme ne se prend pas mais se reçoit, qu'il vit de la mémoire d'une parole qui, précédant son souffle, attend pourtant de sa réponse, fragile et humble, un nouvelle lumière pour le monde.

Cette réflexion sur le nom est indispensable ici, car elle ne constitue pas, pour la tradition hébraïque en tout cas, une abstraction sans conséquence pour la vie de l'intelligence et la quête de la vérité. Elle les engage l'une et l'autre de façon décisive en les orientant vers une pensée qui doit, à chaque étape de son cheminement, compter avec l'altérité. Altérité des personnes qui discutent du bien-fondé d'une interprétation, altérité des textes qui résistent à leur réduction aux concepts. Mais aussi singularité et concrétude des sujets traités que l'abstraction des idées ne parvient pas à effacer. Comment alors envisager la philosophie sur cette base ?

L'élaboration d'un système susceptible de répondre à l'ensemble des questions humaines de façon rigoureuse, argumentée et exhaustive ne peut évidemment constituer l'idéal d'une philosophie qui, à chaque instant de sa quête de la vérité, rencontre l'altérité. Elle sait bien que si la pensée est tenue en éveil par l'énigme de l'altérité, aucun concept, malgré sa subtilité, ne parviendra à la dire. L'attention extrême au réel que cette pensée requiert ne lui permet pas de s'en remettre à la stricte ordonnance des concepts comme à son but ultime. Pourtant, afin de rester philosophie, elle parle leur langage et cherche, grâce à eux, à dégager des vues universelles, malgré son souci de ne pas oublier la singularité et l'altérité. Ainsi une réflexion en prise sur un problème concret, discutée par des personnes singulières, ou au nom propre de tel ou tel maître, comme c'est le cas dans le Talmud, ne donne pas nécessairement congé à la philosophie. La signification religieuse de ces discussions – c'est-à-dire la relation de chacun des sages avec l'altérité de la parole divine qu'ils interprètent, sans chercher à en épuiser le sens dans une totalité – est-elle en effet sans intérêt pour le philosophe soucieux de parler le langage du concept et, par là, de l'universalité ? Afin de montrer qu'il n'en est rien, l'effort du philosophe doit alors consister à expliquer comment telle discussion relative à une question très concrète et qui semble ne concerner qu'un peuple très précis – « A partir de quelle heure peut-on réciter la prière de l'Ecoute Israël ? » « A-t-on le droit de transporter tel objet nécessaire à la circoncision si celle-ci se passe un *chabbat ?* » « Tout Israël a-t-il droit au monde futur ? » etc. – a des implications universelles qui concernent l'ensemble des hommes. Il s'agit donc, pour le commentateur, de montrer comment la signification religieuse de ces discussions « se réfère à des problèmes philosophiques [29] ». Il lui faut aussi justifier comment, en dépit de leur langage particulariste et anachronique souvent – comme dans les questions relatives aux sacrifices alors que la destruction du Temple paraît rendre vaine la minutie de telles interrogations –, ces dialogues entre les sages parlent de l'humain comme tel, ici et maintenant. Enfin, et surtout au regard des prétentions à l'objectivité et à la neutralité du savoir, il lui faut insister sur l'idée que la vie du sens requiert un sujet porteur d'un nom, un sujet qui prête son âme et sa chair aux mots qu'il étudie afin de pouvoir transmettre un éclat de leur sens. Ce qui implique dès lors une pensée du sujet qui « ne se possède pas d'une façon inaliénable et reposante [30] » face aux textes qu'il étudie ou à la réflexion philosophique qu'il élabore, mais qui, au contraire, ne cesse d'être mis en question par eux et par elle.

C'est précisément ce lien entre ces textes ou cette réflexion et la personne singulière, dont le nom signifie l'unicité, que la philosophie généralement récuse. Elle argumente son refus en restant fidèle à l'idéal abstrait du système ou, plus modestement, à celui d'un sujet transcendantal censé ignorer les noms propres. Et, dans l'un et l'autre cas, elle récuse le recours aux mots inaptes au passage conceptuel par celui qui prétend faire œuvre de philosophe. L'obstacle est-il donc insurmontable pour un philosophe qui refuse que la quête de la vérité implique le renoncement aux noms propres et le rejet de tout verbe non conceptuel ?

Il est clair qu'il ne s'agit pas de deux refus distincts. La résistance aux noms propres et au verbe non conceptuel, de la part des philosophes, relève d'une même allergie envers la singularité irréductible aux abstractions et à la maîtrise intellectuelle que charrie l'altérité. Les noms propres et le verbe non conceptuel font effraction dans la positivité des discours et dans la rigoureuse ordonnance de leur argumentation, pour les déranger et les inquiéter. Mais une philosophie soucieuse d'énoncer l'essence des choses ne peut, sans se contredire, leur faire place puisque, précisément, ils contestent le principe même du privilège de l'ontologie. Cela ne signifie pas qu'elle a raison d'eux, car ils continuent à hanter son discours et elle à se défendre d'eux. Ainsi, lorsqu'un philosophe pense que l'intellect ne définit pas l'humanité d'un homme et que – comme le dirent Kierkegaard ou Nietzsche, par exemple – le philosophe n'est pas « quantité négligeable » pour sa philosophie, beaucoup lui récusent le titre de philosophe. Comme si les traces de l'âme et de la chair du philosophe, dans son discours ou dans son enseignement, constituaient autant d'indices d'impureté à traquer, autant d'aveux de son incapacité à se hausser à l'universalité requise par la raison.

Cependant, la grande violence suscitée, parmi les philosophes, par le souci de donner place, dans un discours qui se veut philosophique, à « l'homme dans la simple unicité de son être propre, de son être établi sur son nom et son prénom [31] », et par le désir de rendre à nouveau enseignant le verbe hébraïque, que tant de philosophes méprisèrent et voulurent moribond [32], n'exprime-t-elle vraiment que la légitime défense de l'universalité et de la rationalité ? Ne constitue-t-elle qu'un plaidoyer en faveur des lumières menacées par l'irrationalité ?

Répondre positivement repose sur le postulat, rarement questionné comme tel, selon lequel la seule universalité concevable est celle de la rationalité ontologique qui pense les essences en cherchant, en tous domaines, la stabilité et la cohérence. Dès lors, l'introduction des noms propres et d'un verbe non conceptuel – prophétique, par exemple – dans un discours qui n'entend pas abandonner la philosophie – c'est-à-dire l'amour de la sagesse – à la génialité, et encore moins à la technicité de l'intelligence spéculative, ne sera légitime qu'à condition de penser « une rationalité autre qu'ontologique [33] » et une universalité du sens qui, sans reposer sur le savoir des essences, fasse droit aux singularités. Cette rationalité suppose un langage anxieux de ne pas se reposer trop vite sur les concepts qui énoncent l'être, elle appelle une pensée non thétique, une pensée qui n'évite pas le paradoxe. Ce qui, contrairement au magistral enseignement de Hegel, ne signifie pas inévitablement une pensée approximative ou inachevée, une pensée indigne de la philosophie.

Lorsqu'elle ne se résigne pas à subsumer les noms propres sous le concept d'homme, lorsqu'elle est attentive à l'inquiétude du verbe intempestif des prophètes et à l'appel qu'il ne cesse de faire entendre à ceux qui, malgré leur attachement à la philosophie, ne ratifient pas sa prétention de détenir l'exclusivité du sens, que donne alors à *penser* cette rationalité ? Un discours qui s'ouvre, à chaque moment décisif de son parcours, à la transcendance, ou à l'excès, des personnes singulières et du langage non conceptuel, sans les fuir aussitôt pour s'élaborer en thème ou en thèse, mérite-t-il le qualificatif de rationnel ? Peut-il prétendre à une universalité qui intéresserait l'humain comme tel ?

Une rationalité tenue en alerte et affectée par l'altérité, sans parvenir pourtant à élaborer à son propos un discours positif et satisfait d'avoir dissipé l'ombre de l'ignorance, donne à penser une intelligibilité ou un sens irréductible à l'ontologie. Ce qui ne signifie pas, contrairement à ce que dit Kant, que cette intelligibilité – dans la mesure où elle continue à parler le langage de l'être et à thématiser son objet [34] – soit de l'ordre de la croyance. Or ce sens qui traverse la pensée ou qui l'inspire, sans se durcir en concepts et en thèses, ouvre la perspective d'une universalité qui concerne tout homme car, comme chez les prophètes déjà, il est le corollaire d'une éthique.

« Moi, l'Eternel, je t'ai appelé pour la justice (...) je t'établis pour dessiller les yeux frappés de cécité » (*Is.* 42. 6-7), afin qu'ils perçoivent la faiblesse des mortels et se tiennent à Son service, avant de s'efforcer de prendre pied dans l'être et de lutter, sans merci, pour s'y maintenir. L'appel du prophète par son nom lui fait perdre son ancrage dans l'être, il ne lui laisse pas le temps du retour sur soi, mais ce délogement provoque une libération ou un réveil – « je vais te libérer, je t'ai appelé par ton nom, tu es à moi ! (*Is.* 43.1) – et il lui inspire ce regard et cette diaconie. L'homme appelé ne s'appartient pas, son identité ne se dit donc pas en termes d'essence, elle surgit comme réponse à l'appel de Dieu ou de l'infini. Comme si la certitude de son unicité – et ainsi de sa liberté – se levait en l'homme à l'heure incessante où le souci de justice et l'inquiétude pour la faiblesse mettent au défi le sujet anxieux de connaître et de se soumettre le monde.

Le sujet philosophe peut-il, sans danger, vivre au diapason de cette heure ?

Le sujet philosophe

Le défi des sciences humaines – telles la psychanalyse ou la sémiologie – a conduit bien des philosophes, bon gré mal gré, à ratifier la ruine du sujet. En dépit du fier dessein de Descartes, le Cogito ne pourrait plus se poser lui-même sans illusion et, malgré l'exigence de Kant, le « Je pense » ne pourrait plus accompagner toutes les représentations. Même l'idée d'un ego comme pôle vivant et identique des visées de sens, et donc propre à la phénoménologie, ne résisterait pas à l'assaut déstabilisateur de ces sciences. Parler de subjectivité transcendantale, coupée de tout désir, n'aurait plus de sens, et l'intériorité du moi identique à lui-même disparaîtrait « dans la totalité sans replis ni secrets » des différentes structures – inconscient et langage, par exemple – qui régissent l'homme à son insu. Leur connaissance exacte permettrait d'annoncer la mort du sujet, dont l'ombre serait à chasser de la science. Faire l'archéologie du sujet, en même temps que celle du savoir, conduirait en effet à « opérer un décentrement qui ne laisse de privilège à aucun centre [35] ». L'errance des hommes serait ainsi privée de toute promesse de retour. Par ailleurs, dans un monde où la violence de l'histoire leur fait jouer des rôles, tragiques ou dérisoires, où ils ne se reconnaissent pas, l'idée d'un moi « qui s'identifie en se retrouvant [36] » subirait un sort tout aussi désastreux. Chacun serait tenu d'accomplir des actes qui le trahissent et le perdent, sans espoir de réparation.

Il faut cependant se demander si cette agonie du sujet, incapable désormais de se saisir ou de se ressaisir, car toujours en dehors de lui-même et sans vocation propre, étranger et asservi, constitue une condamnation sans appel.

« L'étrange défaite ou défection de l'identité » semble vouer à donner des gages à la déréliction de l'homme et à se résigner à un nihilisme souvent dogmatique, prêt à accuser ceux qui ne pactisent pas avec lui d'idéalisme sans intérêt, ou pis de spiritualisme inadmissible par la raison. Pourtant, la déroute de certaines prétentions du sujet en condamne-t-elle nécessairement la pensée comme idéologique ? Ne permet-elle pas, au contraire, de mieux mettre au jour d'autres prétentions à son propos ? L'« écart entre moi et soi, récurrence impossible, identité impossible [37] », le détour interminable qui ajourne sans cesse le retour à soi – cette étrangeté du sujet à lui-même – ne constituent-ils que les stigmates d'une aliénation, d'une condamnation, voire d'une malédiction ? Ne peuvent-ils trouver sens, autrement et positivement, en étant éclairés par l'idée d'élection ? Comme si cette idée, éprouvante et contestée par ceux qui la confondent avec un privilège, indu et insupportable, incompatible avec le souci d'universalité propre, dit-on, aux philosophes, frayait la voie à une ouverture du sujet qui, loin de le dissoudre dans l'extériorité, le ferait advenir.

Emprunter la voie de l'élection pour penser le sujet ne va pas sans risques philosophiques cependant. Celui qui l'accepte découvre l'impossibilité de confondre ses assises dans l'être, comme dans les structures censées le régir, avec l'éminence d'un destin. Mais il sait aussi que le sujet respire au rythme d'une altérité irréductible à ses desseins théoriques et à sa volonté de définir le périmètre stable où il exercerait une hégémonie sans partage. Il découvre en effet « l'impossibilité de s'enfermer du dedans », car il se trouve exposé à l'altérité sans pouvoir compter sur une position de repli puisque celle-ci habite l'intériorité du sujet. « Le Moi actif retourne à la passivité d'un *soi*, à l'accusatif du *se* qui ne dérive d'aucun nominatif, à l'accusation antérieure à toute faute [38] ».

Que signifie cette suggestion ? Pourquoi donc l'élection serait-elle à penser comme le corollaire d'une charge accusatrice inassumable par une liberté, car constitutive de l'ipséité elle-même ? Comment surtout philosopher sur la base d'une impossibilité, originaire et définitive, de coïncider avec soi ? Le souci de rationalité et d'universalité censé qualifier la philosophie ne disparaît-il pas dans la perspective de ces propositions paradoxales et, semble-t-il, fort peu raisonnables ?

A première vue, l'idée d'accusation antérieure à toute faute semble en effet vouer le sujet humain à un destin peu différent de celui des héros des tragédies grecques, poursuivis par une malédiction qui les condamne irrémédiablement, sans réparation envisageable, à porter le fardeau du malheur, pour le défier ou s'y soumettre, avec fierté ou désespoir donc. Pourtant, puisqu'il s'agit ici de relier cette accusation au vocable de l'élection, il convient de la penser tout autrement.

Lors d'une discussion avec Antonin qui était désireux de savoir quand le mauvais penchant (*ietser hara*) entrait dans l'enfant – à sa conception ou à sa naissance –, Rabbi avait suggéré que c'était dès la conception. Mais Constantin lui avait objecté que, dans ce cas, l'enfant bousculerait le sein de sa mère pour en sortir ; il fallait donc penser que c'était à la naissance. Et Rabbi, sans hésiter à reconnaître la justesse d'interprétation d'un païen – puisqu'elle lui semblait juste –, avait acquiescé : « Voilà encore une chose que m'a apprise Antonin, et le texte biblique lui donne raison ainsi qu'il est dit : " Le péché est tapi à la porte (du sein de ta mère) " (*Gen.* 4.7) » (*Sanhédrin* 91b). Or, cette interprétation repose sur l'idée que le mauvais penchant précède toute faute et réside dans le simple fait de « l'être *pour soi* ». C'est pourquoi il ne peut entrer dans l'enfant avant sa naissance, autrement celui-ci ne supporterait pas de rester en symbiose avec sa mère, il désirerait sortir pour accéder plus vite à son être « pour soi ». L'idée d'une accusation sans faute s'éclaire dans cette perspective : elle porte sur l'être pour soi du sujet avant de porter sur des fautes particulières, car c'est le fait d'être pour soi qui balise le champ où ces fautes prennent leur essor et s'exercent en toute liberté, dans le domaine de la pensée aussi.

Si les sages du Talmud estiment que la *techouva* – le repentir, la réponse et le retour – fait partie des sept choses créées avant la création du monde (*Pessahim* 54b), c'est-à-dire avant toute faute, avant l'apparition de l'existence pour soi de l'homme, n'est-ce pas alors pour enseigner que cette existence ne constitue pas un destin ? L'ipséité et les penchants de l'homme ne sont pas à détruire, mais à convertir : ils sont appelés à répondre ou à faire retour selon l'amphibologie du mot *techouva*, à l'appel qui les rend justes et les sanctifie. En la conviant à faire retour, non pas à soi, mais à l'altérité d'un Dire qui précède tous les mots et à répondre à son appel, l'élection délivre cette ipséité de la solitude orgueilleuse de l'être pour soi. Comme le dit Rosenzweig, elle signe l'acte de naissance de l'âme dans le soi [39], avec elle commence, dans un présent à chaque instant renouvelé, la révélation. Obligée par cette requête, la parole humaine se lève non pour s'empresser de procéder à un retour à soi après ce moment de trouble – sauf si la philosophie réflexive est jugée indépassable – ou pour jouir de cette élection en oubliant le monde, mais pour répondre, ici et maintenant, de la tâche qu'elle confère, au cœur d'une création encore effroyablement abîmée par le mal.

Il existe de nombreuses contrefaçons idéologiques de l'idée d'élection – fierté de soi, affirmation de sa supériorité, exigence de privilèges, sentiment de son bon droit à être ; pourtant, celle dont parle la Bible reste étrangère à de telles assurances, elle en prive plutôt radicalement puisqu'elle est précisément ce qui, dans une antériorité irréductible à toute pensée, met en question l'être pour soi de l'homme. Elle ressemble à la requête d'un bien qui, fragile et constamment menacé, jamais sûr de sa victoire sur le mal – souvent accompli en son nom, d'ailleurs –, a besoin des hommes. L'élection fait advenir chacun à sa singularité irremplaçable, non pour qu'il en tire vanité en se comparant aux autres, mais pour qu'il se tienne au service du bien et, ce faisant, advienne à lui-même.

« La bonté du Bien – du Bien qui ne dort ni ne somnole – incline le mouvement qu'elle appelle pour l'écarter du Bien et l'orienter vers autrui et ainsi seulement vers le Bien [40]. » « Il ne s'endort ni ne sommeille, celui qui est le gardien d'Israël », dit déjà le psalmiste (121.4). Mais ce gardien (*chomer*), ou cette bonté du Bien donc, ne s'impose pas avec puissance, il dépend des hommes, au point même – telle est l'histoire – de ne pouvoir empêcher ceux qui refusent d'être les gardiens de leurs frères de commettre leurs méfaits. « Suis-je le gardien (*chomer*) de mon frère ? » (*Gen.* 4.10), interroge Caïn après avoir tué Abel ; et innombrables sont ceux qui, maintenant encore, ne cessent de répéter, avec cynisme ou nihilisme, indifférence ou haine, cette phrase avec lui, comme pour se dédouaner de toute responsabilité face au mal. Le Bien ne prend pas assurance sur l'être, il n'a de sens que par les hommes qu'il appelle à son service, c'est-à-dire à celui des créatures. Or l'élection du sujet se passe là, et seulement là : dans cet appel qui éveille chacun à sa singularité la plus irremplaçable face aux créatures, sans laisser le temps de s'installer dans l'être, d'y prendre place, ou de jouir de soi et de ses réussites dans le monde. En effet, « on n'est irremplaçable que dans l'ignorance de sa place, et dans la patience requise pour soutenir cette indépassable nescience. C'est là, et seulement là, où je réponds, que ma parole devient proprement mienne, d'une propriété traversée par l'autre, et par là seulement insubstituable, une propriété de transit et d'exode [41] ». Aucune image de soi ne donne la mesure du sujet, aucune identité essentielle n'existe qui assurerait chacun de ce qu'il est, aucun retour à soi ne permet de se définir, car seule la parole répondant à l'appel qui astreint à la bonté [42] donne à chacun le sens de son unicité.

Mais, objectera-t-on, même en admettant que cette analyse ait quelque pertinence pour la vie morale de l'homme malgré les grandes perturbations que cette vie subit en raison du doute qui pèse sur les paroles et les engagements humains, toujours soupçonnés – déjà chez Kant – d'impureté, quel poids significatif a-t-elle pour la philosophie ? Le fait qu'un philosophe prête l'oreille à cet appel et soit inspiré par lui a-t-il des conséquences pour l'idée même de philosophie ?

Sans doute, en effet. La mise en question de l'essence et de l'identité du sujet, au profit de son élection ou de son unicité, ne laisse pas cette idée indemne. Elle en subit des implications cruciales, dont la principale est évidemment celle qui fait perdre à l'ontologie son traditionnel privilège. Le souci de cette philosophie est en effet de « trouver la place d'où l'homme cesse de nous concerner à partir de l'horizon de l'être, c'est-à-dire de s'offrir à nos pouvoirs [43] ». Mais pourquoi, objectera-t-on, continuer à vouloir nommer philosophie une entreprise qui rompt avec l'intelligence des essences et tente d'ouvrir la raison sur le jour d'une transcendance irréductible – qu'elle s'annonce dans des textes ou par le visage du prochain ? La vie de la transcendance dans l'immanence du psychisme peut-elle induire une pensée qui mérite le nom de philosophie ? Ou bien faut-il, pour être fidèle aux exigences de la raison, en faire abstraction ?

Une pensée attentive à cette transcendance – inspirée par elle – ne pactise pas avec le non-sens, sauf à croire qu'en dehors du champ balisé par les concepts l'absurde prévaut. Cette pensée sait que l'altérité blesse toute prétention de suffisance, elle enseigne à faire place, au cœur des discours les mieux assurés, à ce qui les inspire et les inquiète. A ce qui les destine à l'au-delà de ce qu'ils disent. Et si le nom de philosophie convient encore à cette pensée, c'est parce que la recherche philosophique excède la compréhension conceptuelle. L'amour de la sagesse qui anime le philosophe et le tient en éveil, anxieux et insatisfait, malgré la disposition de tant de beaux savoirs passe en effet par la quête d'une autre excellence. Celle des modalités d'entente de l'avant-propos des langues, de ce Dire qui fait exception aux concepts et ne s'identifie pas à l'être, Dire auquel ses paroles répondent dans la dignité de l'élu. Non pour en jouir solitairement ou en tirer quelque illusoire et violente fierté, mais pour en entendre les exigences, maintenant, dans une philosophie qui ne se lasse pas de penser l'Infini qu'elle ne peut contenir. Dans une philosophie inséparable de la vie singulière de celui qui s'essaie à elle. Ce qui ne signifie pas dans la pure adéquation de la vie à la pensée, car le clair-obscur demeure encore, le sujet philosophe inspiré par

L'INSPIRATION DU PHILOSOPHE

l'altérité ne fait pas exception sur ce point. Mais ce qui est une façon de renouer avec l'antique définition de la philosophie comme exercice spirituel. Que la vie du philosophe témoigne de cet exercice auprès des hommes, ou du moins tente de le faire, est alors indissociable de son amour de la sagesse.

Notes

Introduction

1. *Totalité et Infini*, La Haye, Nijhoff, 1961, p. XII.
2. Kant, *Qu'est-ce que s'orienter dans la pensée ?*, trad. A. Philonenko, Paris, Vrin, 7e éd., 1993, p. 84.
3. Kant, *Rêves d'un visionnaire*, trad. F. Courtès, Paris, Vrin, 3e éd. revue, 1989, p. 78 et 50.
4. Voir Kant, *Critique de la faculté de juger*, trad. A. Philonenko, Paris, Vrin, éd. revue, 1993, p. 223 et 230.
5. Voir Aristote, *Rhétorique*, III.7.1408b 18. « La poésie est inspirée. »

I. Proximité du verbe

1. Voir Platon, *La République*, III, 390 c et suiv.
2. *Hypérion*, trad. Ph. Jaccottet, Paris, Gallimard, Bibliothèque de la Pléiade, 1967, p. 204-205.
3. Kant, *La Critique de la raison pure*, trad. A. Tremesaygues et B. Pacaud, Paris, PUF, 1967, p. 263.
4. Y. Bonnefoy, « Des tombeaux de Ravenne » (1953), *Du mouvement et de l'immobilité de Douve*, Paris, Gallimard, 1970, p. 29.
5. Voir P. Hadot, *Exercices spirituels et philosophie antique*, Etudes augustiniennes, 1987.
6. Voir *Entretiens*, I.4, trad. E. Bréhier, Gallimard, Bibliothèque de la Pléiade, p. 816.
7. M. Horkheimer et T. Adorno, *La Dialectique de la raison*, trad. E. Kaufholz, Paris, Gallimard, 1974, p. 24.

L'INSPIRATION DU PHILOSOPHE

8. Spinoza, *Traité théologico-politique*, trad. Ch. Appuhn, Paris, Garnier-Flammarion, p. 230. Voir *infra*, chap. III.
9. Spinoza, *Traité de la réforme de l'entendement*, trad. Ch. Appuhn, Paris, Garnier-Flammarion, p. 185 et 182.
10. F. W. Schelling, *Philosophie de la mythologie*, trad. A. Pernet, Grenoble, J. Millon, 1994.
11. J.-L. Chrétien, *L'Effroi du beau*, Paris, Le Cerf, 1987, p. 37.
12. J. Patočka, *Platon et l'Europe*, trad. E. Abrams, Lagrasse, Verdier, 1983, p. 43.
13. *Ibid.*, p. 99.
14. M. Heidegger, *Chemins qui ne mènent nulle part*, trad. W. Brokmeier, Paris, Gallimard, p. 219.
15. *Midrach Raba. Genèse Rabba*, XXXVIII, trad. B. Maruani et A. Cohen-Arazi, Lagrasse, Verdier, 1987, p. 387.
16. *Ibid.*, p. 389. L'expression « l'Ancien » désigne Dieu.
17. E. Munk, *La Voix de la Thora*, Fondation S. et O. Lévy, Paris, 1976, t. I, p. 113.
18. *Midrach Raba. Genèse Rabba*, XXXVIII, éd. cit., p. 391.
19. E. Levinas, *Humanisme de l'autre homme*, Montpellier, Fata Morgana, 1972, p. 37.
20. *Pentateuque avec Rachi*, t. I, Fondation S. et O. Lévy, Paris, 1979, p. 65.
21. *Midrach Raba*, II.4, éd. cit., p. 53.
22. Le Maharal de Prague, *Ner Mitsva*, éd. S. Mallin, Ber-Aryeh International, 1977, p. 40.
23. E. Levinas, *A l'heure des nations*, Paris, Minuit, 1988, p. 62.
24. *Ibid.*, p. 63 et 65.
25. E. Levinas, *L'Au-delà du verset*, Paris, Minuit, 1982, p. 42.
26. Voir par exemple le commentaire du Gaon de Vilna aux Proverbes, *Sefer Machli im biour Ha Gra*, Petahk Tikva, 1988, p. 36 (en hébreu).
27. *Midrash Raba. Genèse Rabba*, VIII.5., éd. cit., p. 108.
28. *Documents* cités *in* Hölderlin, *Œuvres*, Gallimard, Bibliothèque de la Pléiade, p. 1106. Trad. modifiée par J.-M. Garrigues dans le Cahier de l'Herne sur Hölderlin (1989), p. 393.
29. *Les Présocratiques*, éd. établie par J.-P. Dumont, Paris, Gallimard, Bibliothèque de la Pléiade, 1988, p. 145-146.
30. *Ibid.*, p. 156 et 167.
31. M. Blanchot, Préface au livre de C. Ramnoux, *Héraclite ou l'homme entre les choses et les mots*, Paris, Les Belles Lettres, 1968, p. XI et XIII.

NOTES

32. H. Gadamer, *L'Ethique dialectique de Platon*, trad. F. Vatan et V. von Schenck, Paris, Actes Sud, 1994, p. 60.
33. *Seconds Analytiques*, trad. J. Tricot, Paris, Vrin, 1947, I.2.71b 19-25.
34. *Règles pour la direction de l'esprit*, trad. J. Sirven, Paris, Vrin, 1966, p. 10 (fin de la deuxième règle).
35. E. Levinas, *En découvrant l'existence avec Husserl et Heidegger*, Paris, Vrin, 1967, p. 236.
36. B. Schulz, « Lettre à S. I. Witkiewicz », trad. T. Douchy, *Les Boutiques de cannelle*, Paris, Gallimard, 1992, p. 215.
37. B. Schulz, « La Mystification de la réalité », trad. T. Douchy, *op. cit.*, p. 205.
38. « Avot de Rabbi Nathan B 31 », *Leçons des Pères du monde*, trad. E. Smilévitch, Lagrasse, Verdier, 1983, p. 380.
39. R. Goetschel, *Méir Ibn Gabbay. Le Discours de la kabbale espagnole*, Louvain, Peeters, 1981, p. 103.
40. R. Goetschel, *ibid.*, p. 104.
41. Voir « Pirqé Avot », 5.17, *Leçons des Pères du monde*, éd. cit., p. 59.
42. *Orot haQodech*, t. I, Jérusalem, Mossad haRav Kook, 1963, p. 16 (en hébreu).

II. Le Dire et le Dit

1. F. Nietzsche, *Le Crépuscule des idoles*, trad. H. Albert, Paris, Mercure de France (1899), 1952, p. 100-101.
2. F. Nietzsche, *La Volonté de puissance*, trad. G. Bianquis, Paris, Gallimard, 1942, t. II, § 29, p. 22.
3. Spinoza, *Traité théologico-politique*, éd. cit., p. 93.
4. Spinoza, *Ethique*, trad. Ch. Appuhn, Paris, Garnier-Flammarion, 2e partie, Scolie de la proposition XLIX, p. 127.
5. Spinoza, *Pensées métaphysiques*, 1re partie, chap. III, trad. R. Caillois, *Œuvres complètes*, Bibliothèque de la Pléiade, Gallimard, p. 256.
6. Hegel, *Esthétique*, trad. S. Jankélévitch, t. II, Paris, Flammarion, p. 12.
7. Y. Bonnefoy, *Entretiens sur la poésie* (1972-1990), Paris, Mercure de France, p. 18.
8. *Ibid.*, p. 328.
9. E. Levinas, *Autrement qu'être ou au-delà de l'essence*, La Haye, M. Nijhoff, 1974, p. 80.

10. E. Levinas, *Noms propres*, Montpellier, Fata Morgana, 1976, p. 119.
11. Les lois de Nuremberg interdisaient ainsi les parcs et les jardins aux Juifs « afin de protéger la santé et la détente des Aryens ».
12. E. Levinas, *Autrement qu'être*, p. 190.
13. *Le Kuzari*, trad. C. Touati, Lagrasse, Verdier, 1994, p. 157.
14. Pascal, *Pensées*, 477 et 481, Paris, Gallimard, Bibliothèque de la Pléiade, p. 1221 et 1222.
15. Pascal, *De l'esprit de géométrie*, II, « De l'art de persuader », éd. cit., p. 592.
16. E. Levinas, *Autrement qu'être*, p. 6.
17. *Œuvres complètes* du Pseudo-Denys l'Aréopagite, trad. commentaires et notes par M. de Gandillac, Paris, Aubier, p. 182, 180 et 181.
18. Angelus Silesius, *Le Pèlerin chérubinique*, trad. C. Jordens, Paris, Albin Michel, 1994, p. 32 et 84.
19. Maître Eckhart, *Les Traités*, « Le Détachement », trad. J. Ancelet Hustache, Paris, Seuil, 1971, p. 161.
20. Maimonide, *Le Livre de la connaissance*, trad. V. Nikiprowetzski et A. Zaoui, Paris, PUF, 1961, p. 30.
21. Maimonide, *Le Guide des égarés*, trad. S. Munk, Lagrasse, Verdier, 1979, I.58, p. 135.
22. Voir *Des premiers principes*, trad. M. C. Galperine, Lagrasse, Verdier, 1987.
23. Voir, *infra*, chap. III.
24. S. Breton, *Foi et Raison logique*, Paris, Seuil, 1971, p. 58 et 59.
25. E. Levinas, *Difficile Liberté*, Paris, Albin Michel, éd. de 1976, p. 112.
26. J. Derrida, *L'Ecriture et la Différence*, « Violence et métaphysique », Paris, Seuil, 1967, p. 135.
27. E. Levinas, *Transcendance et Intelligibilité*, Genève, Labor et Fides, 1984, p. 37.
28. E. Levinas, *Autrement qu'être*, p. 186.
29. *Ibid.*, p. 153.
30. *Ibid.*, p. 181.
31. *Transcendance et Intelligibilité*, éd. cit., p. 29.
32. *Autrement qu'être*, p. 190.

III. La question de la Révélation

1. Spinoza, *Traité théologico-politique*, trad. C. Appuhn, Garnier-Flammarion, 1965, p. 25.

NOTES

2. Voir R. Nahman de Bratzlav (*Aggada de Pessah*, Paris, Institut Breslev) voit dans la mort des premiers-nés le symbole de la nécessité de tuer en soi les préjugés. – *Hérout* signifie la liberté de la conscience, *dror* la liberté de l'homme attentif à la source de vie en lui. Enseignement oral de Rav M. Elon, Jérusalem, 1995.

3. E. Levinas, *L'Au-delà du verset*, Paris, Minuit, 1982, p. 148.

4. *La Phénoménologie de l'esprit*, trad. J. Hyppolite, Paris, Aubier-Montaigne, t. I, p. 8.

5. C. Taylor, *Sources of the Self*, Harvard University Press, Cambridge, 1989, p. 21.

6. Voir Kant, préface à *Critique de la raison pure*, trad. A. Tremesaygues et B. Pacaud, Paris, PUF, 1967, p. 19-20. Voir aussi *supra*, chap. I.

7. Voir E. Levinas, *La Révélation*, Publications des Facultés universitaires Saint-Louis, Bruxelles, 1984, p. 230 (discussion).

8. L'expression est présente dans la liturgie du Chabbat, par exemple.

9. *Midrach Raba* sur *Gen.* I.4 (traduction française, Lagrasse, Verdier, 1987, p. 36).

10. J. Derrida, *Donner le temps, 1. La fausse monnaie*, Paris, Galilée, 1991, p. 18.

11. *Sociologie et Anthropologie*, Paris, PUF, 1950 ; et analyse de J. Derrida, dans *Donner le temps*, p. 40 et suiv., p. 88.

12. E. Levinas, *Autrement qu'être*, éd. cit., p. 36.

13. *Ibid.*, p. 49.

14. J. Derrida, *Donner le temps*, éd. cit., p. 130.

15. E. Levinas, *En découvrant l'existence avec Husserl et Heidegger*, Paris, Vrin, 1967, p. 197 et 199.

16. E. Levinas, *Autrement qu'être*, éd. cit., p. 196.

17. *Commentaires au Traité des Pères*, trad. E. Smilevitch, Lagrasse, Verdier, 1990, p. 46.

18. *Igeret haQodech*, *Liqqoutei Amarim*, Kehot Publication Society, Brooklyn, 1981, p. 561.

19. Voir *Sifrei Berakha*, 21, cité dans N. Bialik, *Sefer haHagada*, Otsat Devir, Tel-Aviv, 1973, p. 79.

20. Voir Tossafot sur *Chabbat* 86a.

21. *Ethique à Nicomaque*, II.1, trad. J. Voilquin, Paris, Garnier-Flammarion, 1965, p. 45-46.

22. E. Levinas, *Quatre Lectures talmudiques*, Paris, Minuit, 1968, p. 91 et 93.

23. *Ibid.*, p. 74.

24. Voir *ibid.*, p. 104.

25. P. Ricœur, *Histoire et Vérité*, Paris, Seuil, 1955, p. 182.
26. H. Cohen, *Religion de la raison*, trad. M.B. de Launay et A. Lagny, Paris, PUF, 1994, p. 127. Voir aussi *Ethique du judaïsme*, trad. M.R. Hayoun, Paris, Cerf, 1994, p. 55 et suiv.
27. Bahya Ibn Paqûda, *Introduction aux devoirs des cœurs*, trad. A. Chouraqui, VIII, 3, p. 512.
28. *Ibid.*, p. 513.
29. C. Péguy, *Notre jeunesse*, Paris, Gallimard, Folio, 1993, p. 107.
30. *Religion de la raison*, p. 77.
31. Voir *infra*, chap. v.
32. H. Cohen, *Religion de la raison*, p. 112.
33. Cité *in* A.L. Mittleman, *Between Kant and Kabbalah. An Introduction to Isaac Breuer's Philosophy of Judaism*, State University of New York Press, 1990, p. 41.

IV. Le maître et le disciple

1. *Traité de la réforme de l'entendement*, trad. C. Appuhn, Paris, Garnier-Flammarion, 1964, p. 184.
2. M. Blanchot, « La parole plurielle », *L'Entretien infini*, Paris, Gallimard, 1969, p. 2 et 3.
3. Les « comités scientifiques » et les « commissions de spécialistes » qui président à la destinée universitaire de la philosophie montrent que celle-ci est pensée selon le modèle du savoir et de la compétence en un domaine d'érudition et non comme quête de sagesse.
4. Titre de l'article cité de M. Blanchot.
5. Fragment 1 ; J. Brun, *Héraclite*, Paris, Seghers, 1965, p. 117.
6. C. Ramnoux, *Héraclite ou l'homme entre les choses et les mots*, Paris, Les Belles Lettres, 1968, p. 313.
7. H. G. Gadamer, *L'Ethique dialectique de Platon*, trad. F. Vatan, V. von Schenck, Paris, Actes Sud, 1994, p. 80.
8. Aristote, *Organon, Traité de l'Interprétation*, trad. J. Tricot, Paris, Vrin, nouvelle édition, 1977, p. 79 et 84.
9. Voir les *Premiers* et *Seconds Analytiques*, trad. J. Tricot, Paris, Vrin, 1947.
10. *Observations sur le sentiment du beau et du sublime*, trad. R. Kempf, Paris, Vrin, nouvelle édition, 1969, p. 65.
11. Voir M. Idel, *Hasidism, Between Ecstasy and Magic*, State University of New York Press, 1994, p. 92, cite le Grand Maggid, *Or haEmet*, f° 14c : « C'est comme si Dieu s'était contracté Lui-même dans la Torah. Quand quelqu'un appelle un homme par son nom, celui-ci

met ses occupations de côté et répond car l'appel de son nom l'y oblige. De même c'est comme si Dieu s'était contracté dans la Torah, la Torah est Son nom et quand quelqu'un appelle la Torah, il attire Dieu, qu'Il soit béni, vers nous, car Lui et Son nom sont une unité totale avec nous. »

12. L. Finkelstein, introduction à S. Schechter, *Aspects of Rabbinic Theology*, New York, Schoken Books, 1961, p. XIX et XX.

13. Voir M. Idel, *op. cit.*, p. 94. Le mot *ot*, en hébreu, signifie « lettre » et « signe ».

14. E. Levinas, *L'Au-delà du verset*, Paris, Minuit, 1982, p. 147, n. 4.

15. Maharcha, acronyme de Morenou haRav Chmouel Adels (1555-1631), commentateur important du Talmud.

16. Kant, *Anthropologie du point de vue pragmatique*, trad. M. Foucault, Paris, Vrin, nouvelle édition, 1994, § 84, p. 124.

17. *On Jewish Learning*, trad. N. N. Glatzer, New York, Schoken Books, 1965, p. 122.

18. Voir Spinoza, *Traité de la réforme de l'entendement*, éd. cit., p. 211 : « Les mots sont une partie de l'imagination. »

19. F. Rosenzweig, « La nouvelle pensée », trad. M. B. de Launay (Cahier de la « Nuit Surveillée » sur F. Rosenzweig, Lagrasse, Verdier, 1982, p. 56).

20. E. Levinas, *Autrement qu'être ou au-delà de l'essence*, éd. cit., p. 188.

21. Cité par E. Munk, *La Voix de la Thora*, Fondation S. et O. Levy, Paris, 1978, t. 3, sur *Lévitique* 24.11.

22. Hafets Haïm, rabbi Israël Meïr Kagan, auteur du *Michna Beroura*, III, s'est particulièrement intéressé aux interdits relatifs à la médisance (*lechon hara*).

23. Voir *Le Livre de la connaissance*, trad. V. Nikiprowetski et A. Zaoui, Paris, PUF, 1961, p. 160.

24. Voir Kant, *La Religion dans les limites de la simple raison*, trad. J. Gibelin, Paris, Vrin, 1965, p. 167. Il reproche au judaïsme d'être un légalisme, ou un ritualisme, qui n'exige aucune intention morale.

25. P. Ricœur, *Lectures 3. Aux frontières de la philosophie*, Paris, Seuil, 1994, p. 131.

26. C'est le propos de Kant.

27. Le chapitre XI d'Isaïe se poursuit par l'attention envers la faiblesse de l'âge (le jeune enfant) et celle de l'animal sans parole (la brebis, le chevreau).

28. Voir Maimonide, *Le Livre de la connaissance*, éd. cit., p. 179.

29. *Avot de R. Nathan*, A, chap. XXIV ; *Leçons des Pères du monde*, trad. E. Smilevitch, Lagrasse, Verdier, 1983, p. 190.
30. La discussion se dit *mahloquet* en hébreu. Les lettres centrales désignent le partage, chacun a une part (*heleq*) de la vérité. A celui qui refuse ce partage, il ne reste que la mort (*met*).
31. Voir *Le Conflit des interprétations, Essais d'herméneutique*, Paris, Seuil, 1969, p. 284.
32. *Pirqé Avot* I.6 ; *Leçons des Pères du monde*, éd. cit., p. 25.
33. Voir Hölderlin, *Hypérion*, trad. Ph. Jaccottet, Paris, Gallimard, Bibliothèque de la Pléiade, 1967, p. 155 : « Les plus hautes paroles, si elles ne résonnent dans des âmes hautes, sont comme une feuille morte dont le murmure s'étouffe dans la boue. »
34. La *michna* est le point de départ de la discussion talmudique ou *guemara*. Voir *T. Babli Baba Metsia* 33b.
35. Voir Maimonide, *Le Livre de la connaissance*, éd. cit., p. 185.
36. Voir P. Ricœur, *Le Conflit des interprétations*, éd. cit., p. 23.
37. Midrach Raba sur *Nombres* 27.15, éditions Soncino, t. III, p. 828.
38. P. Ricœur, *Lectures 3, op. cit.*, p. 154.

V. Retour au verbe

1. Kant, *La Religion dans les limites de la simple raison* (1793), trad. J. Gibelin, Paris, Vrin, 3ᵉ éd., 1965, p. 66, n. 1 (à propos d'une réflexion sur le caractère incompréhensible du mal moral).
2. E. Levinas, *Humanisme de l'autre homme*, Montpellier, Fata Morgana, 1972, p. 97.
3. *Tractatus logico-philosophicus*, trad. P. Klossowski, Paris, Gallimard, 1961, p. 55-56, nᵒˢ 3.032 et 3.221.
4. *Ibid.*, p. 176 et 177, nᵒˢ 6.5222 et 6.53. « Ce dont on ne peut parler, il faut le taire. »
5. *Ibid.*, nᵒˢ 5.61.
6. *Ibid.*, nᵒˢ 6.421.
7. P. Ricœur, *Le Conflit des interprétations*, Paris, Seuil, 1969, p. 444.
8. P. Ricœur, *La Métaphore vive*, Paris, Seuil, p. 12 et 11.
9. Voir J. Greisch, *L'Âge herméneutique de la raison*, Paris, Cerf, 1985, p. 112.
10. E. Levinas, *Entre nous*, Paris, Grasset, 1991, p. 200.
11. G. Gadamer, *L'Art de comprendre. Herméneutique et tradition philosophique*, trad. M. Simon, Paris, Aubier, 1982, p. 134.

NOTES

12. *Ibid.*, p. 119.
13. E. Levinas, *Entre nous*, éd. cit., p. 246.
14. *Ibid.*, p. 99 et 104-105.
15. Descartes, *Méditations métaphysiques*, trad. G. Rodis-Lewis, Paris, Vrin, 1963, p. 51 : « De cela seul que j'existe, et que l'idée d'un être souverainement parfait (c'est-à-dire Dieu) est en moi, l'existence de Dieu est très évidemment démontrée » (*evidentissime demonstrari Deum etiam existere*).
16. *Ibid.*, p. 19.
17. E. Levinas, *Autrement qu'être ou au-delà de l'essence*, La Haye, Nijhoff, 1974, p. 210 et 211.
18. *Ibid.*, p. 212.
19. R. Haïm Luzatto, *Sefer derekh tevounot* (Le Livre du chemin de la raison), Jérusalem, Feldheim Publishers, 1989, p. 6.
20. E. Levinas, *Autrement qu'être*, éd. cit., p. 213.
21. *Ibid.*, p. 214.
22. R. Haïm Luzatto, *Sefer derekh tevounot*, éd. cit., p. 192.
23. Voir *ibid.*, p. 212.
24. *Ibid.*, p. 114 et 116.
25. E. Levinas, *Autrement qu'être*, éd. cit., p. 6.
26. Le serpent ment en disant que l'Eternel a interdit de manger *tous* les fruits du jardin (*Gen.* 3.1), la femme en disant qu'il a interdit de *toucher* au fruit de l'arbre du milieu du jardin (*Gen.* 3.3) et l'homme *accuse* la femme (*Gen.* 3.12).
27. Y. Bonnefoy, *Entretiens sur la poésie*, Paris, Mercure de France, 1990, p. 317.
28. Voir W. Benjamin, « Sur le langage », *Œuvres*, t. I ; *Mythe et violence*, trad. M. de Gandillac, Paris, Denoël, 1971, p. 32. Benjamin le réfère au destin.
29. E. Levinas, *Difficile liberté*, Paris, Albin Michel, 1963, p. 95.
30. *Ibid.*, p. 108.
31. F. Rosenzweig, *L'Etoile de la Rédemption*, trad. A. Derczanski et J.L. Schlegel, Paris, Seuil, 1982, p. 19. L'expression « quantité négligeable » se trouve dans ce passage.
32. Voir Kant, *Le Conflit des facultés, en trois sections* (1798), trad. J. Gibelin, Paris, Vrin, 4e éd., 1988, p. 61 : « L'euthanasie du judaïsme est la pure religion morale avec l'abandon de tous les vieux dogmes. »
33. E. Levinas, « Dieu et l'onto-théo-logie », *Dieu, la mort, le temps*, éd. établie par J. Rolland, Paris, Grasset, 1993, p. 144.
34. Voir la préface à *Critique de la raison pure*, trad. A. Tremesaygues et B. Pacaud, Paris, PUF, 5e éd., 1967, p. 24 : « Je dus donc abolir le savoir afin d'obtenir une place pour la croyance. » –

E. Levinas, « Dieu et l'onto-théo-logie », *op. cit.*, p. 241 : « La thématisation que subit la foi naïve. »
35. M. Foucault, *L'Archéologie du savoir*, Paris, Gallimard, 1969, p. 268.
36. E. Levinas, *Humanisme de l'autre homme*, éd. cit., p. 86 et 87.
37. *Ibid.*, p. 96 et 97.
38. *Ibid.*, p. 92.
39. Voir *L'Etoile de la Rédemption*, éd. cit., p. 199 et suiv.
40. E. Levinas, *De Dieu qui vient à l'idée*, Paris, Vrin, 1982, p. 114.
41. J.-L. Chrétien, *De la fatigue*, Paris, Minuit, 1996, p. 155.
42. Voir E. Levinas, *De Dieu qui vient à l'idée*, éd. cit., p. 114.
43. E. Levinas, *Entre nous*, éd. cit., p. 21.

Table

Introduction	9
I. *Proximité du verbe*	17
Domination du concept	23
La confusion des langues	32
La parole première	42
II. *Le Dire et le Dit*	53
L'inspiration de la raison	57
L'appel du prophète	67
Dédire le Dit	76
III. *La question de la Révélation*	85
Centralité de la Révélation	90
Le don de la Torah	99
Raison et Révélation	108
IV. *Le maître et le disciple*	115
L'herméneutique	120
La parole donnée	130
La mémoire du disciple	139

V. *Retour au verbe*	149
L'épreuve du verbe	153
L'âme et la chair des mots	163
Le sujet philosophe	171
Notes	179

DU MÊME AUTEUR

Figures du féminin. Lecture, d'Emmanuel Levinas, « La Nuit surveillée », repris par Verdier, 1982.
Judaïsme et Altérité, Lagrasse, Verdier, 1982.
Les Matriarches, Sarah, Rébecca, Rachel et Léa, préface d'E. Levinas, Paris, Cerf, 1985 (3ᵉ édition 1991), traduit en néerlandais et en portugais.
La Persévérance du mal, Paris, Cerf, 1987.
L'Alliance avec la nature, Paris, Cerf, 1989.
L'Histoire promise, Paris, Cerf, 1992.
Pensées de l'éternité, Spinoza, Rosenzweig, Paris, Cerf, 1993.
Levinas, l'utopie de l'humain, Paris, Albin Michel, 1993, traduit en espagnol et en portugais.
Sagesse des sens. Le regard et l'écoute dans la tradition hébraïque, Paris, Albin Michel, 1995.
« Dieu sans puissance », essai en complément au livre de H. Jonas, *Le Concept de Dieu après Auschwitz*, Paris, Rivages, 1994.

Traductions de l'hébreu :

Amos Funkenstein, *Maimonide, nature, histoire et messianisme*, Paris, Cerf, 1988.
Yoram Jacobson, *La Pensée hassidique*, Paris, Cerf, 1989.
Yosef Ben Chlomo, *Introduction à la pensée du Rav Kook*, Paris, Cerf, 1992.
Moché Idel, *Messianisme et Mystique*, Paris, Cerf, 1994.

Livre pour la jeunesse :

L'Histoire de Joseph, Paris, Gallimard, 1997.

DANS LA MÊME COLLECTION
« La Pensée et le Sacré »

Gilbert Durand, *Introduction à la mythodologie. Sciences de l'homme et tradition.*

Jean Onimus, *Chemins de l'espérance.*

[illegible handwritten notes]

*Cet ouvrage a été transcodé
et achevé d'imprimer sur Roto-Page
par l'Imprimerie Floch à Mayenne,
pour les Éditions Albin Michel
en août 1996.*

*N° d'édition : 15655. N° d'impression : 39687.
Dépôt légal : août 1996.*

Imprimé en France